Cartes d'Étude

pour servir à l'Enseignement

de l'Histoire et de la Géographie

Par Marcel DUBOIS et E. SIEURIN

I. — L'ÉPOQUE CONTEMPORAINE
II. — L'EUROPE MOINS LA FRANCE

58 Cartes et 200 Cartons

Douzième édition, conforme aux programmes du 26 Juillet 1909, avec seize Cartes nouvelles

---

Masson et Cie, Éditeurs   2 fr. 25

Cartes d'Étude

I. — L'ÉPOQUE CONTEMPORAINE
II. — L'EUROPE MOINS LA FRANCE

A LA MÊME LIBRAIRIE

OUVRAGES POUR L'ENSEIGNEMENT PRIMAIRE SUPÉRIEUR :
Rédigés conformément aux programmes du 26 juillet 1909

Cours d'Histoire, par E. SIEURIN et M¹¹ᵉ CHABERT, professeurs à l'École primaire supérieure de Melun.
   PREMIÈRE ANNÉE. Histoire de France depuis le début du XVIᵉ siècle jusqu'en 1789, 7ᵉ édition, avec 171 cartes et figures. .... 2 fr. »
   DEUXIÈME ANNÉE. Histoire de France de 1789 à la fin du XIXᵉ siècle, 6ᵉ édition, avec 132 cartes et figures. .... 2 fr. »
   TROISIÈME ANNÉE. Le monde au XIXᵉ siècle, avec très nombreuses cartes et figures. .... 2 fr. »

Cartes d'Étude pour servir à l'enseignement de l'Histoire (depuis l'antiquité jusqu'à nos jours), par E. SIEURIN, professeur à l'École primaire supérieure de Melun. 1 atlas in-4, comprenant 52 cartes et 113 cartons. 4ᵉ édition, avec 25 cartes nouvelles et 9 cartes refaites. .... 2 fr. 50

Cours de Géographie, par Marcel DUBOIS, professeur à l'Université de Paris et E. SIEURIN.
   PREMIÈRE ANNÉE. Principaux aspects du globe. La France, avec 221 figures. .... 2 fr. 25
   DEUXIÈME ANNÉE. L'Europe (moins la France), avec très nombreuses figures.
   TROISIÈME ANNÉE. Le Monde (moins l'Europe). Le rôle de la France dans le Monde, avec nombreuses figures.

Cahiers Sieurin.
   PREMIÈRE ANNÉE. Géographie générale. La France. .... 0 fr. 75
   DEUXIÈME ANNÉE. L'Europe (moins la France). .... 0 fr. 75
   TROISIÈME ANNÉE. Le Monde (moins l'Europe). .... 0 fr. 75

Textes français. *Lectures et Explications*, avec introduction, notes et commentaires, par Ch. WEVER, professeur au collège de Melun, 2ᵉ édition. .... 3 fr. »

Cours d'Instruction civique, par A. MÉTIN, ancien professeur aux écoles primaires supérieures de Paris, 3ᵉ édition revue. .... 1 fr. 50

Cours de Droit usuel, par A. MÉTIN.

Cours d'Économie politique, par A. MÉTIN.

Cours d'Histoire naturelle, par M. BOULE, H. LECOMTE, professeurs, et Ch. GRAVIER, assistant au Muséum national d'Histoire naturelle.
   PREMIÈRE ANNÉE. 3ᵉ édition, avec 363 fig. .... 2 fr. 25
   DEUXIÈME ANNÉE. 2ᵉ édition, avec 476 fig. et 7 planches hors texte en couleurs. .... 3 fr. »
   TROISIÈME ANNÉE. 2ᵉ édition, 1 volume avec nombreuses figures.

12 Leçons d'Hygiène (3ᵉ année), par les Dʳˢ WURTZ, professeur agrégé à la Faculté de Médecine de Paris, Membre de l'Académie de Médecine, et H. BOURGES, ancien chef du laboratoire d'Hygiène de la Faculté de Médecine de Paris, 1 volume in-16 avec 58 figures. .... 1 fr. »

Cours d'Arithmétique théorique et pratique, par H. NEVEU, professeur à l'école Lavoisier.
   PREMIÈRE, DEUXIÈME et TROISIÈME ANNÉES, 5ᵉ édition. .... 3 fr. »

Cours d'Algèbre théorique et pratique, par H. NEVEU. PREMIÈRE, DEUXIÈME et TROISIÈME ANNÉES, 4ᵉ édition. .... 3 fr. »

Cours de Géométrie théorique et pratique, par H. NEVEU et H. BELLENGER.
   PREMIÈRE ANNÉE. Avec 326 figures. .... 2 fr. »
   DEUXIÈME ANNÉE. Avec 270 figures. .... 2 fr. 50
   TROISIÈME ANNÉE. Avec nombreuses figures.

Cours de Comptabilité, par G. FAURE.
   DEUXIÈME et TROISIÈME ANNÉES, 3ᵉ édition. .... 3 fr. »

Cours de Physique et de Chimie, par P. MÉTRAL, Directeur de l'École primaire supérieure Colbert.

JEUNES GENS	JEUNES FILLES
PREMIÈRE ANNÉE. Avec 255 figures. .... 2 fr. 50	PREMIÈRE ANNÉE. Avec 210 figures. .... 2 fr. 50
DEUXIÈME ANNÉE. Avec nombreuses figures.	DEUXIÈME ANNÉE. Avec nombreuses figures.
TROISIÈME ANNÉE. Avec nombreuses figures.	TROISIÈME ANNÉE. Avec nombreuses figures.

Ces cours sont également mis en vente sous la forme suivante :

| **Cours de Physique** (1ʳᵉ, 2ᵉ, 3ᵉ ANNÉES). | **Cours de Physique** (1ʳᵉ, 2ᵉ, 3ᵉ ANNÉES). |
| **Cours de Chimie** (1ʳᵉ, 2ᵉ, 3ᵉ ANNÉES). | **Cours de Chimie** (1ʳᵉ, 2ᵉ, 3ᵉ ANNÉES). |

Cartes d'Étude

pour servir à l'Enseignement de

l'Histoire et de la Géographie

PAR

Marcel DUBOIS
Professeur de Géographie coloniale à la Faculté des lettres de Paris
Maître de Conférences à l'École normale supérieure de jeunes filles de Sèvres.

ET

E. SIEURIN
Professeur d'Histoire et de Géographie au Collège de Melun.

I. — L'ÉPOQUE CONTEMPORAINE
II. — L'EUROPE MOINS LA FRANCE

58 CARTES ET 200 CARTONS

Douzième édition, conforme aux programmes du 26 juillet 1909,
avec 16 cartes nouvelles et 10 cartes refaites

PARIS
MASSON ET CIE, ÉDITEURS
120, BOULEVARD SAINT-GERMAIN
—
1910
Tous droits de traduction et de reproduction réservés pour tous pays.

CARTES D'ÉTUDE

pour servir à l'Enseignement

DE L'HISTOIRE ET DE LA GÉOGRAPHIE

Enseignement primaire supérieur

(Programmes du 26 juillet 1909)

1re Année : I. **Moyen âge et temps modernes.** II. **Principaux aspects du globe.** — **France.** 13e édition entièrement refondue avec 24 cartes nouvelles............... **2 fr. 25**

2e Année : I. **Époque contemporaine.** II. **Europe moins la France.** 12e édition, avec 16 cartes nouvelles et 10 cartes refaites........................... **2 fr. 25**

3e Année : I. **Le monde au XIXe siècle.** II. **Le monde moins l'Europe.** 13e édition, avec 8 cartes nouvelles et 9 cartes refaites........................... **2 fr. 25**

Cahiers Sieurin

A l'usage de l'Enseignement primaire supérieur
(Programmes du 26 juillet 1909)

1re Année. — **Principaux aspects du globe.** — **France.** — 1 cahier petit in-4 de 80 pages, 3e édition. **75 c.**

2e Année. — **Europe.** — 1 cahier petit in-4 de 80 pages. 3e édition............... **75 c.**

3e Année. — **Le monde moins l'Europe.** — 1 cahier petit in-4 de 80 pages. 2e édition............... **75 c.**

Cette publication a un but essentiellement pratique : économiser le temps de l'élève ; lui procurer le moyen de faire des croquis moins informes et plus profitables ; présenter sur le même cahier les résumés et les cartes ; permettre au professeur de s'assurer rapidement que le travail donné a été fait.

Ces cahiers peuvent encore être indiqués aux élèves qui ont à revoir leur Cours de Géographie pendant les vacances ; ils complètent donc les Cartes d'étude de la façon la plus heureuse.

HISTOIRE

La France de 1789
 à la fin du XIXe siècle.

E. SIEURIN. L'EUROPE VERS 1789. CARTE N° 1

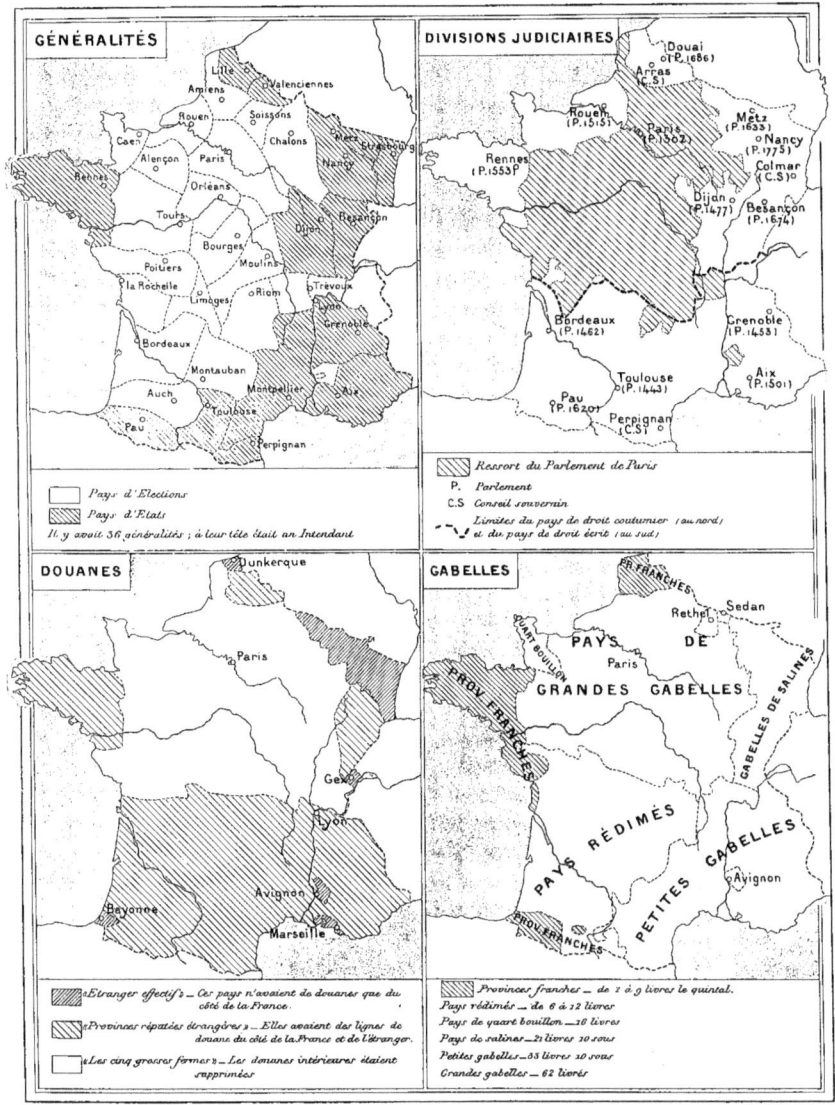

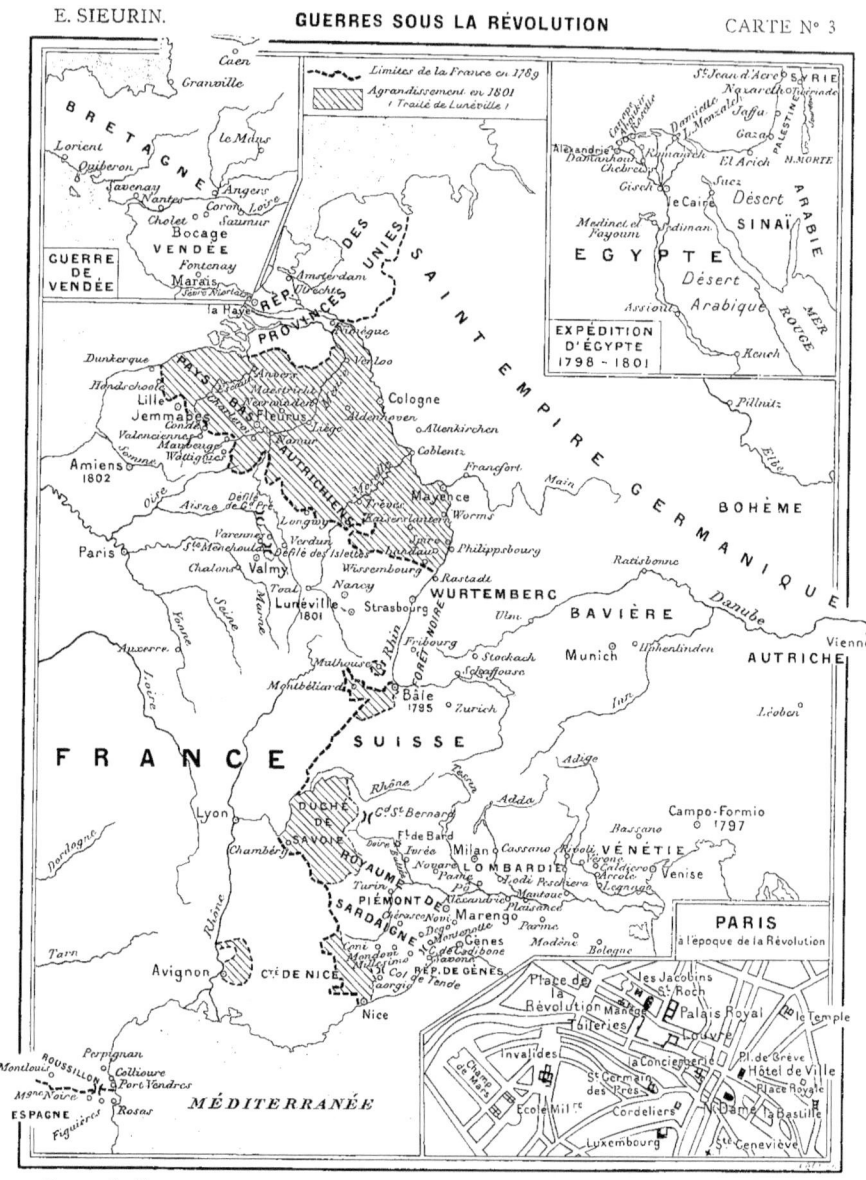

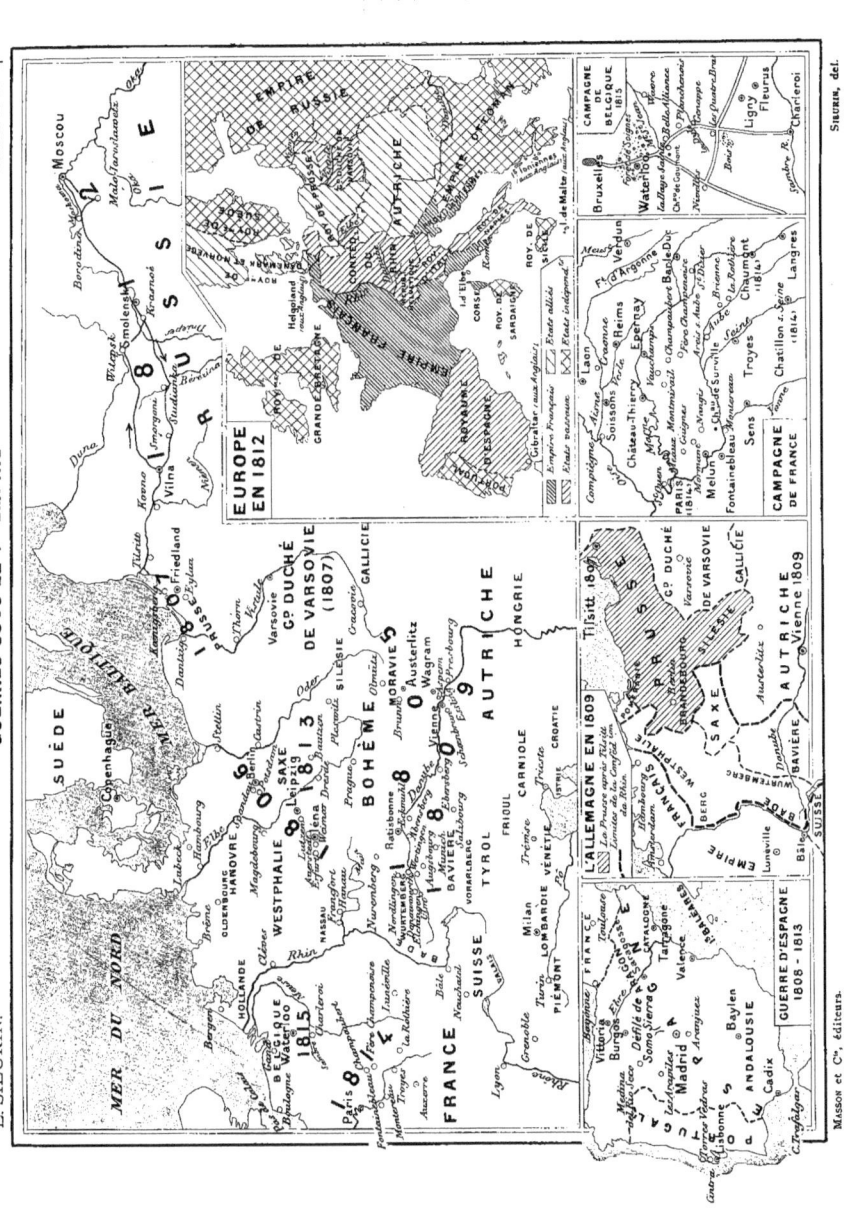

E. SIEURIN. **LA QUESTION D'ORIENT** CARTE N° 6

E. SIEURIN — **CONQUÊTE DE L'ALGÉRIE** — CARTE N° 7

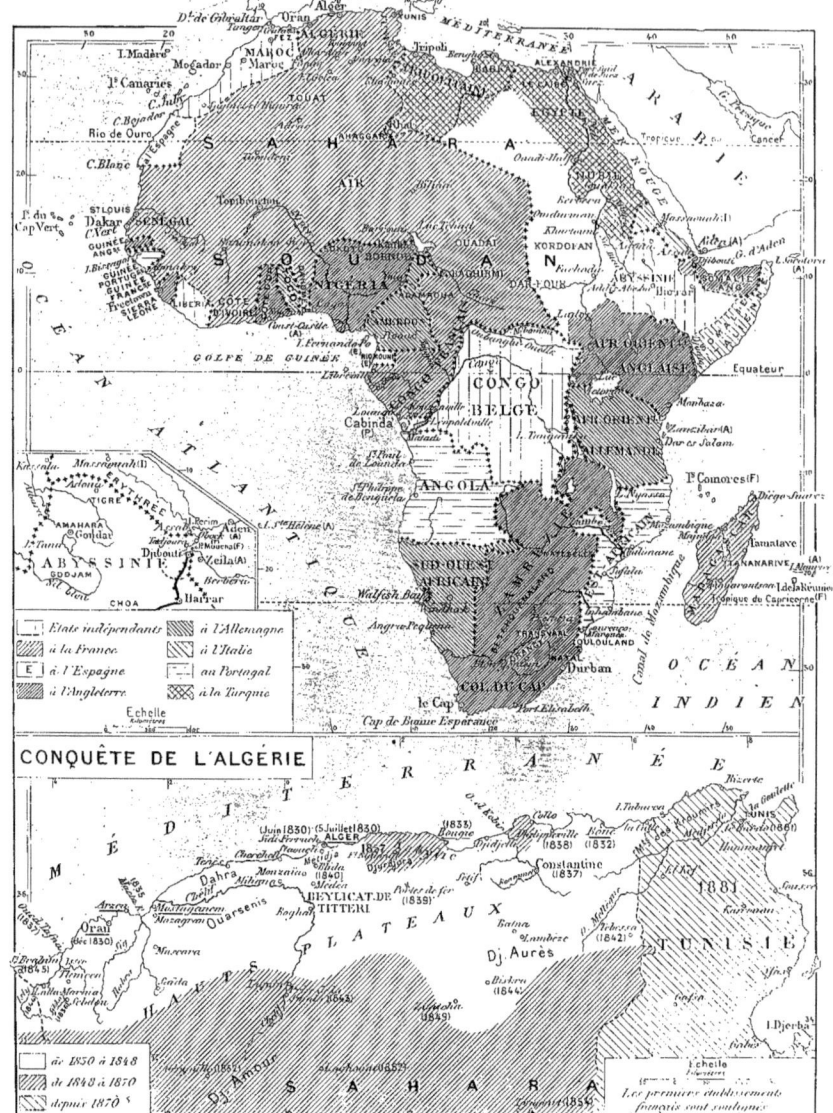

E. SIEURIN. — **FORMATION DE L'UNITÉ ITALIENNE** — CARTE N° 8

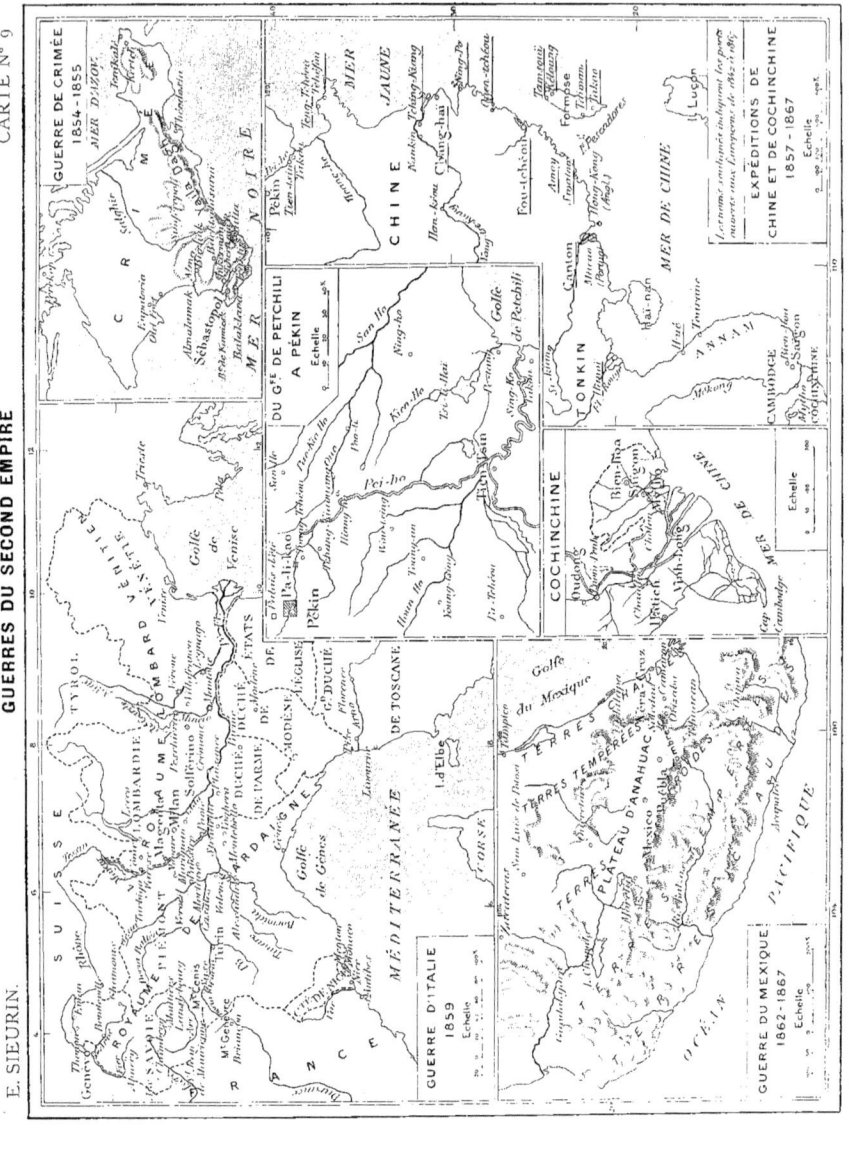

E. SIEURIN. GUERRE FRANCO-ALLEMANDE CARTE N° 10

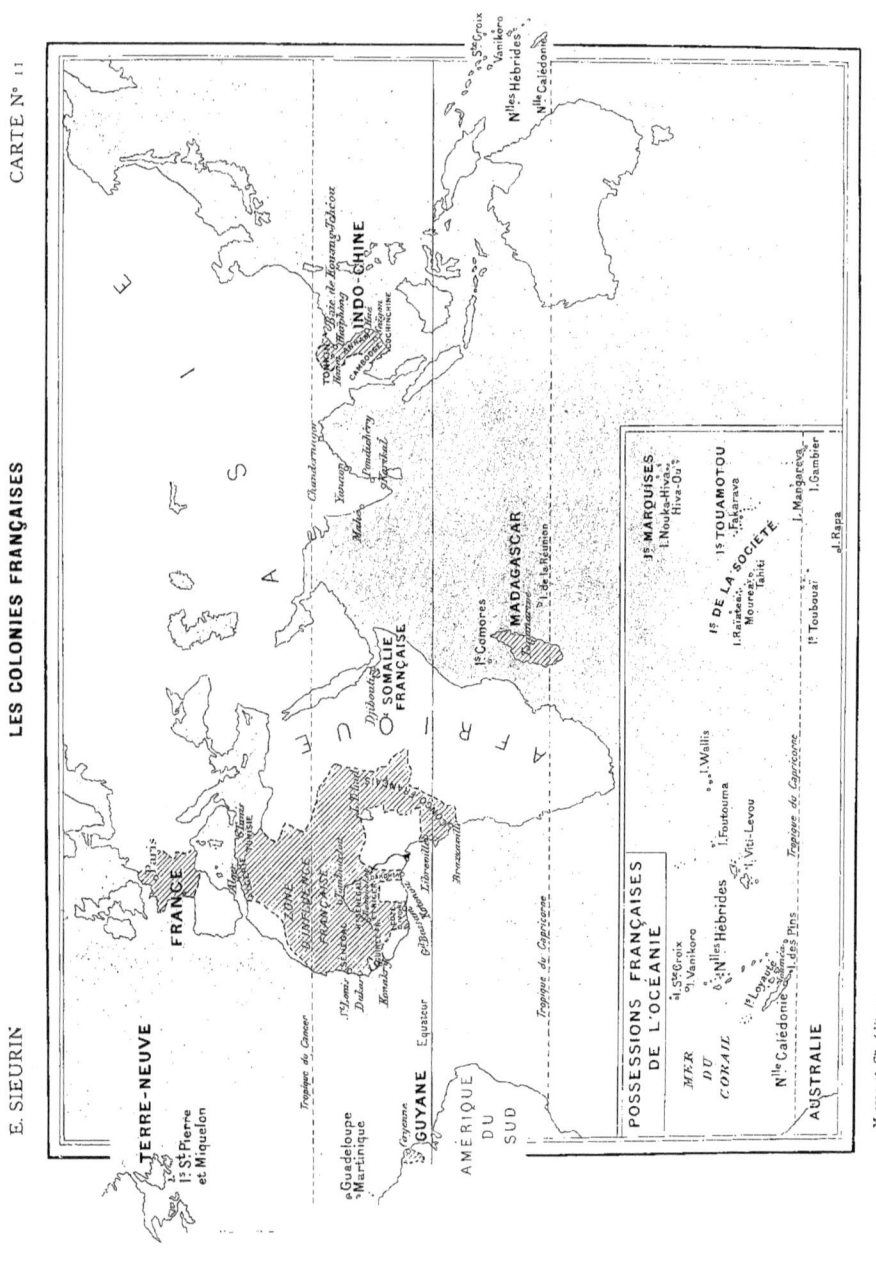

GÉOGRAPHIE

L'Europe moins la France.

MARCEL DUBOIS & SIEURIN   CARTE N° 12

SITUATION DE L'EUROPE DANS LE MONDE

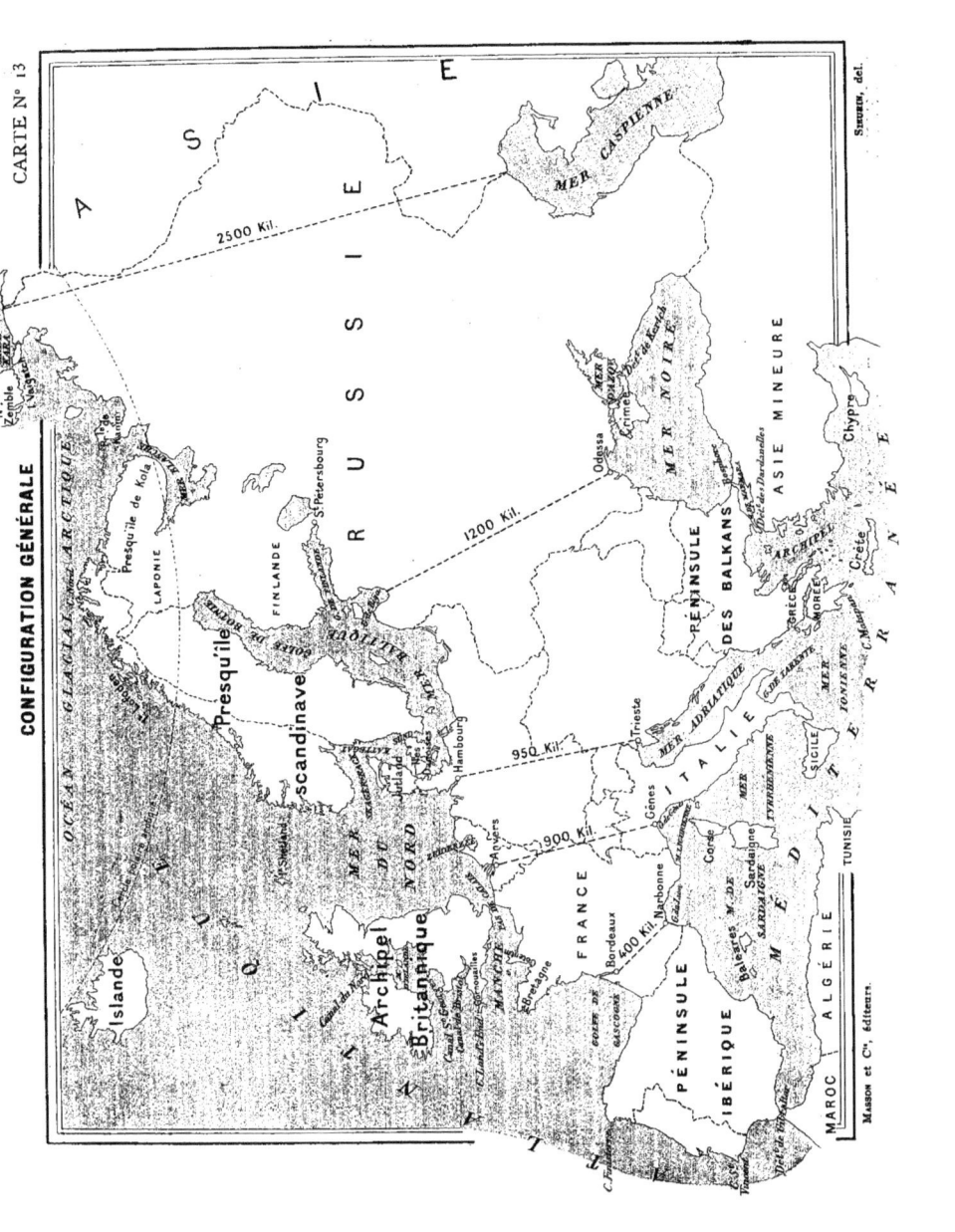

GRANDES ÉTAPES DE LA FORMATION DU SOL

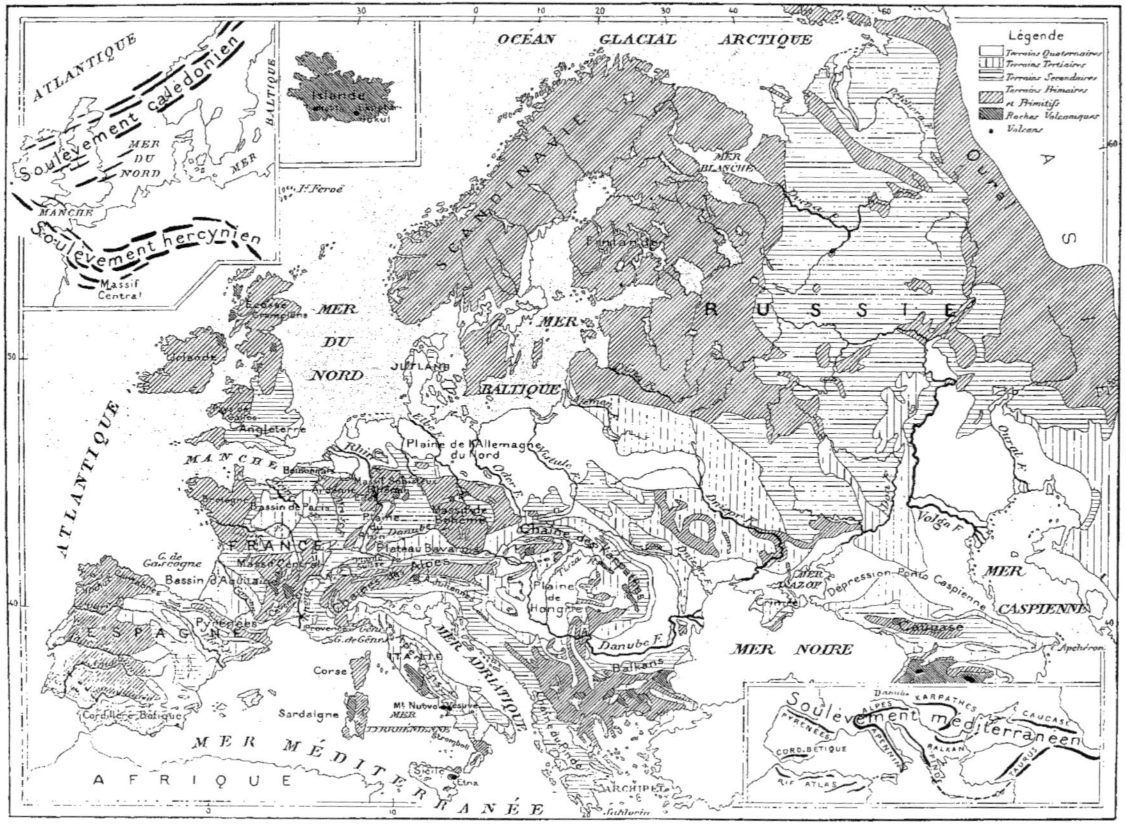

CARTE N° 14

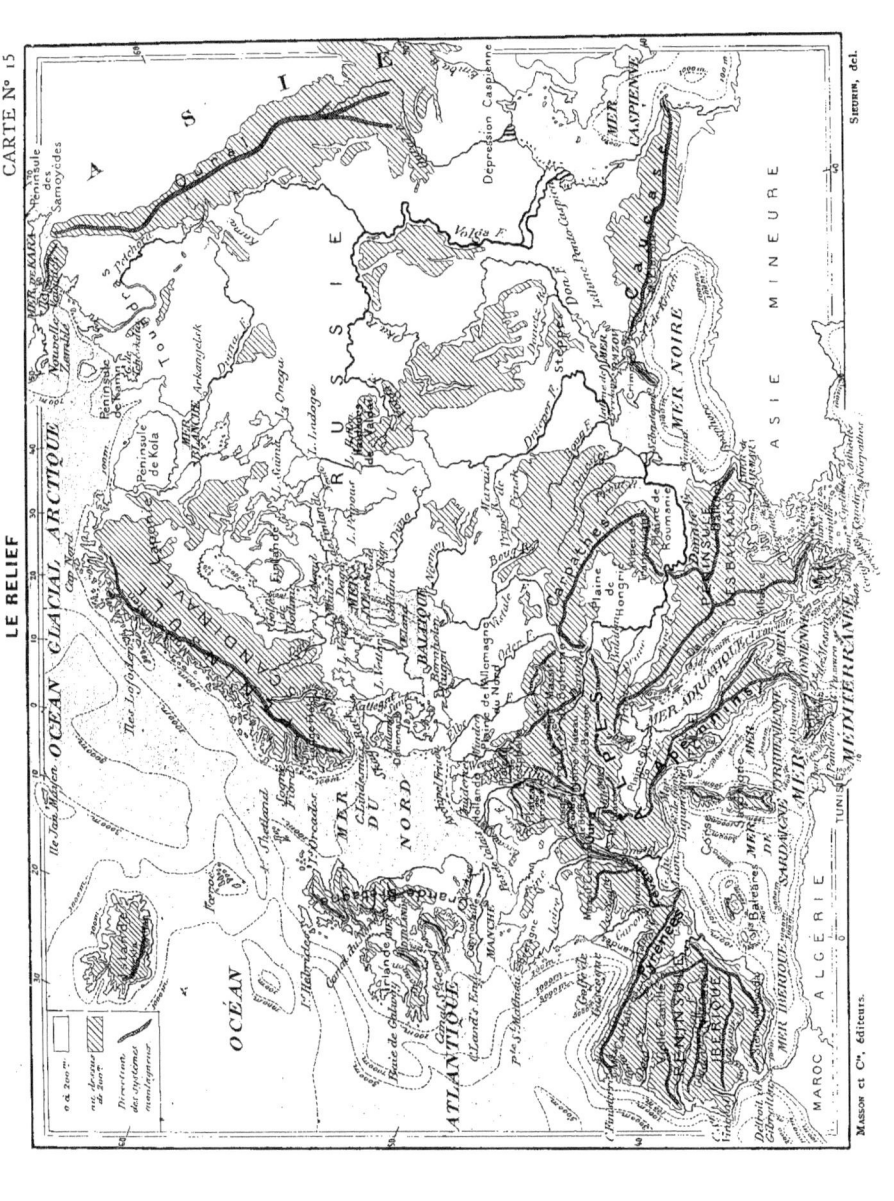

CARTE N° 15. — LE RELIEF

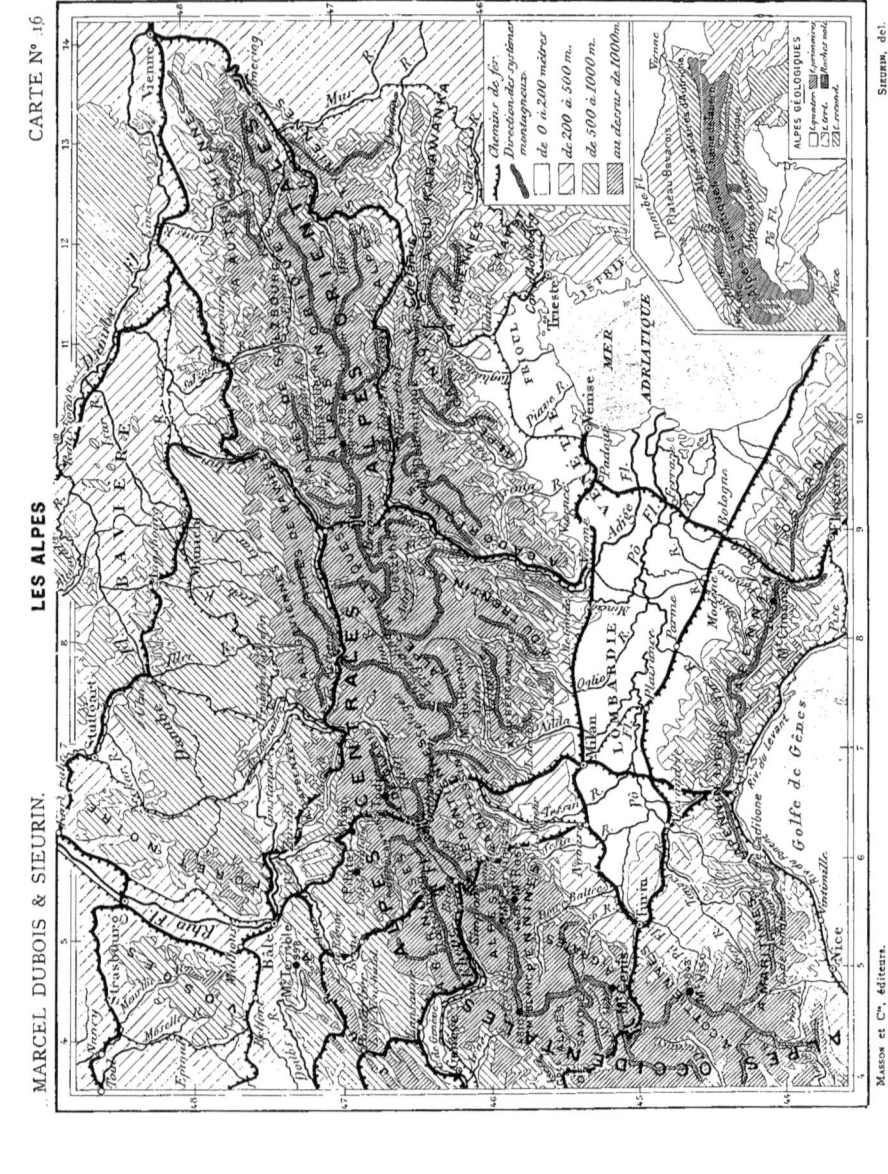

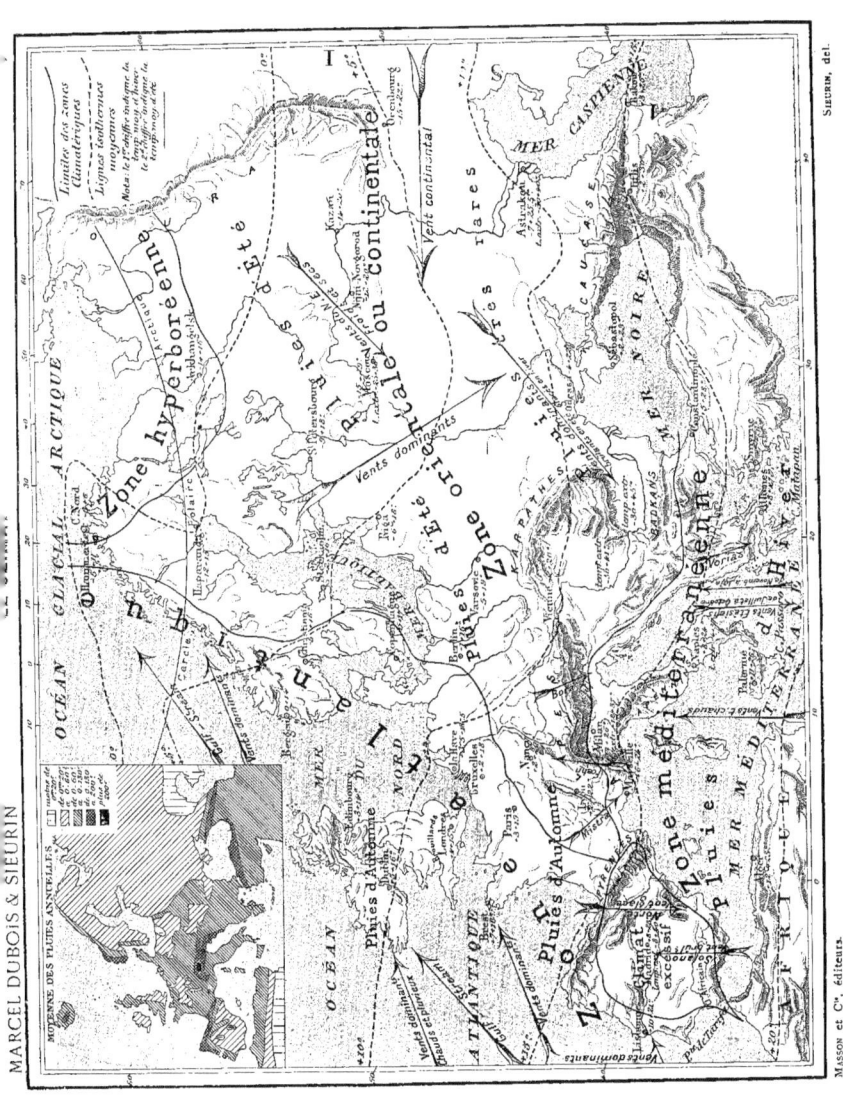

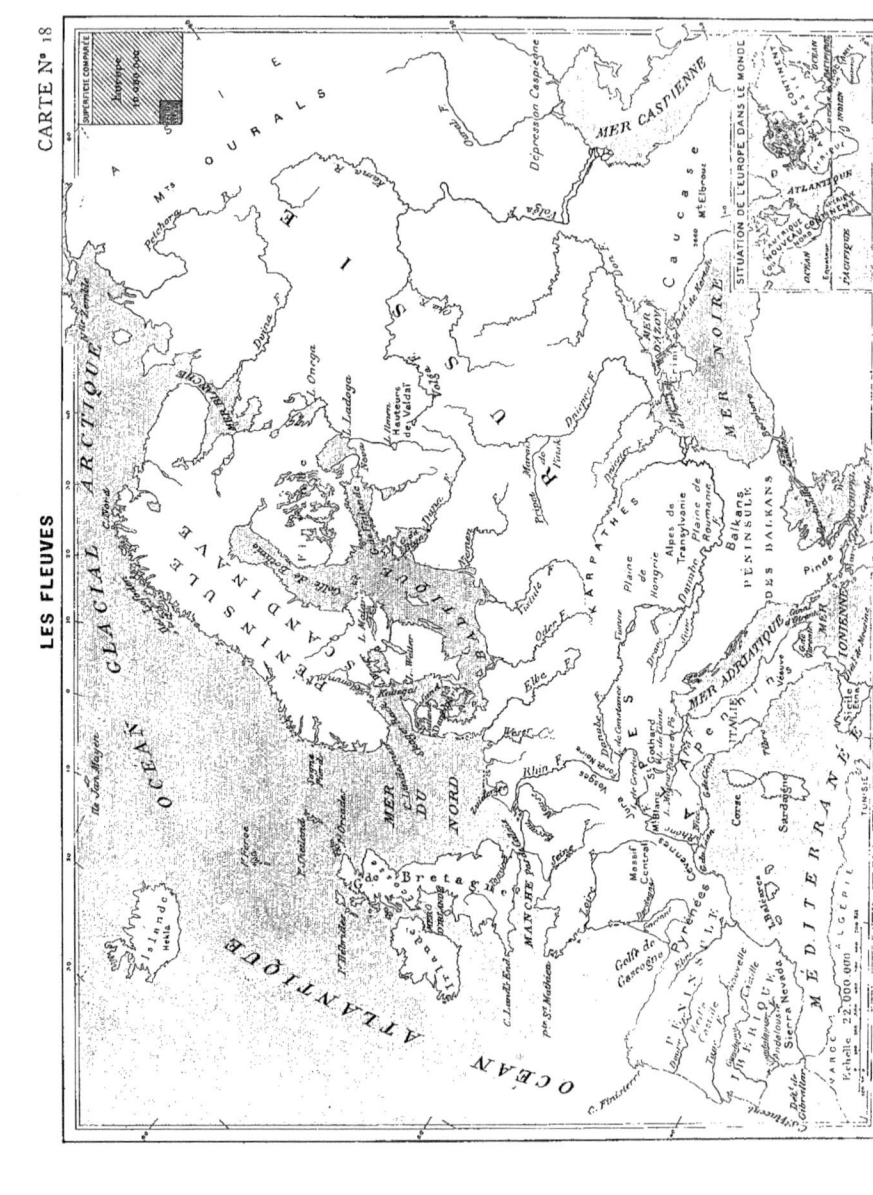

MARCEL DUBOIS & SIEURIN.   **LE RHIN**   CARTE N° 19

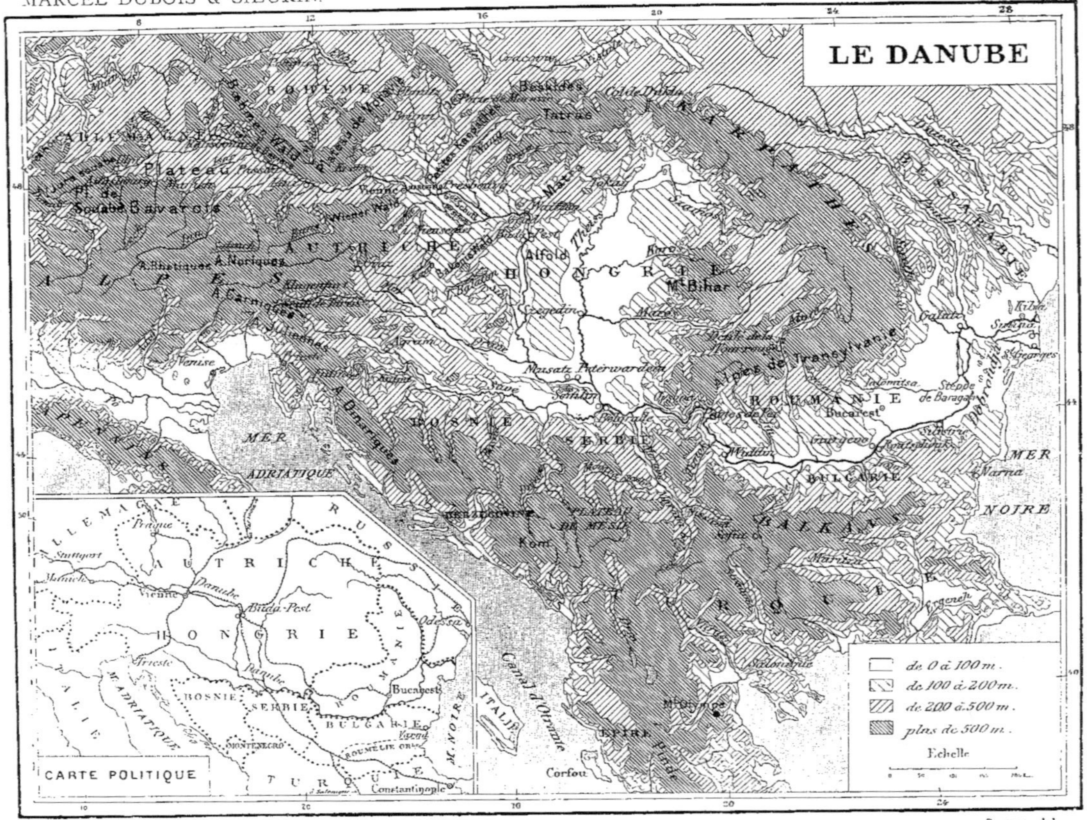

MARCEL DUBOIS & SIEURIN.

CARTE N° 20

LE DANUBE

CARTE POLITIQUE

Masson et Cⁱᵉ, Éditeurs

Sieurin, del.

CARTE Nº 21

LA MÉDITERRANÉE

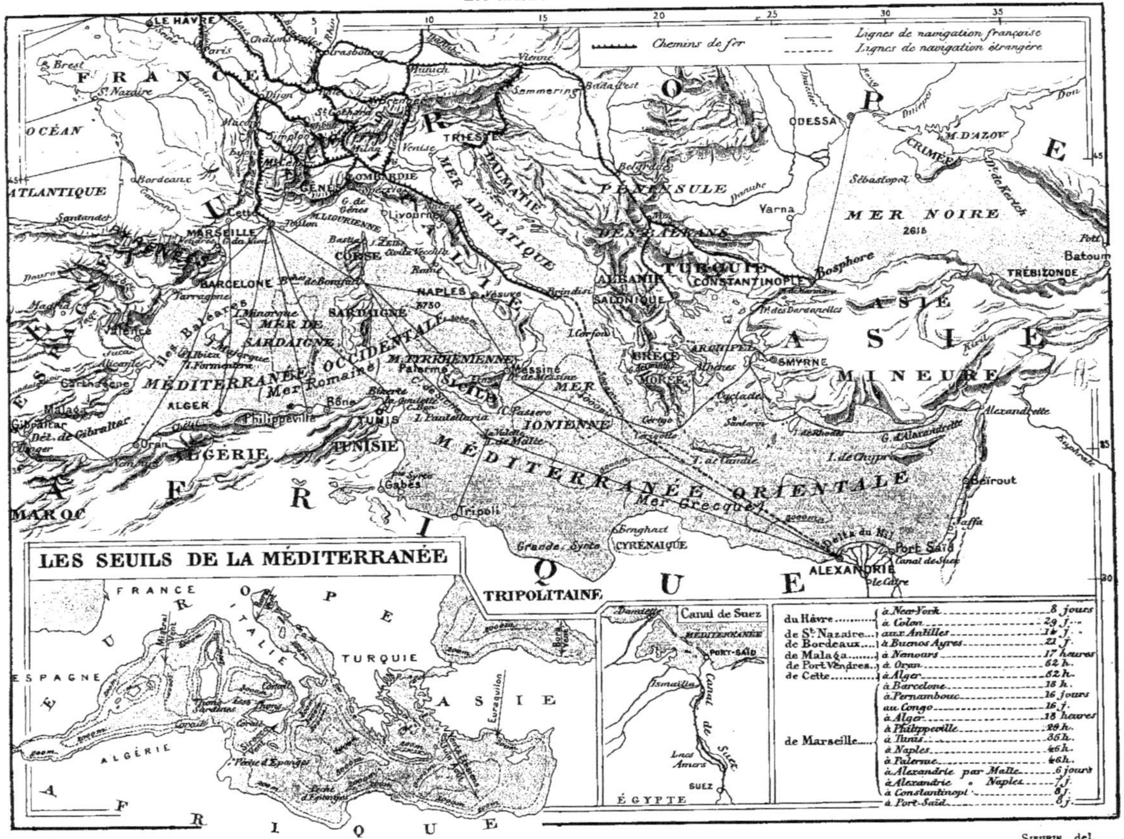

Lignes de navigation française
Lignes de navigation étrangère
Chemins de fer

LES SEUILS DE LA MÉDITERRANÉE

du Havre	à New-York	8 jours
	à Colon	23 j.
de St-Nazaire	aux Antilles	13 j.
de Bordeaux	à Buenos Ayres	27 j.
de Malaga	à Nemours	17 heures
de Port-Vendres	à Oran	52 h.
de Cette	à Alger	52 h.
	à Pernambouc	16 jours
	au Congo	29 j.
de Marseille	à Alger	40 heures
	à Philippeville	36 h.
	à Tunis	46 h.
	à Naples	46 h.
	à Alexandrie par Malte	6 jours
	à Alexandrie	—
	à Constantinople	—
	à Port-Saïd	—

Sirven, del.

Masson et Cᵉ, éditeurs.

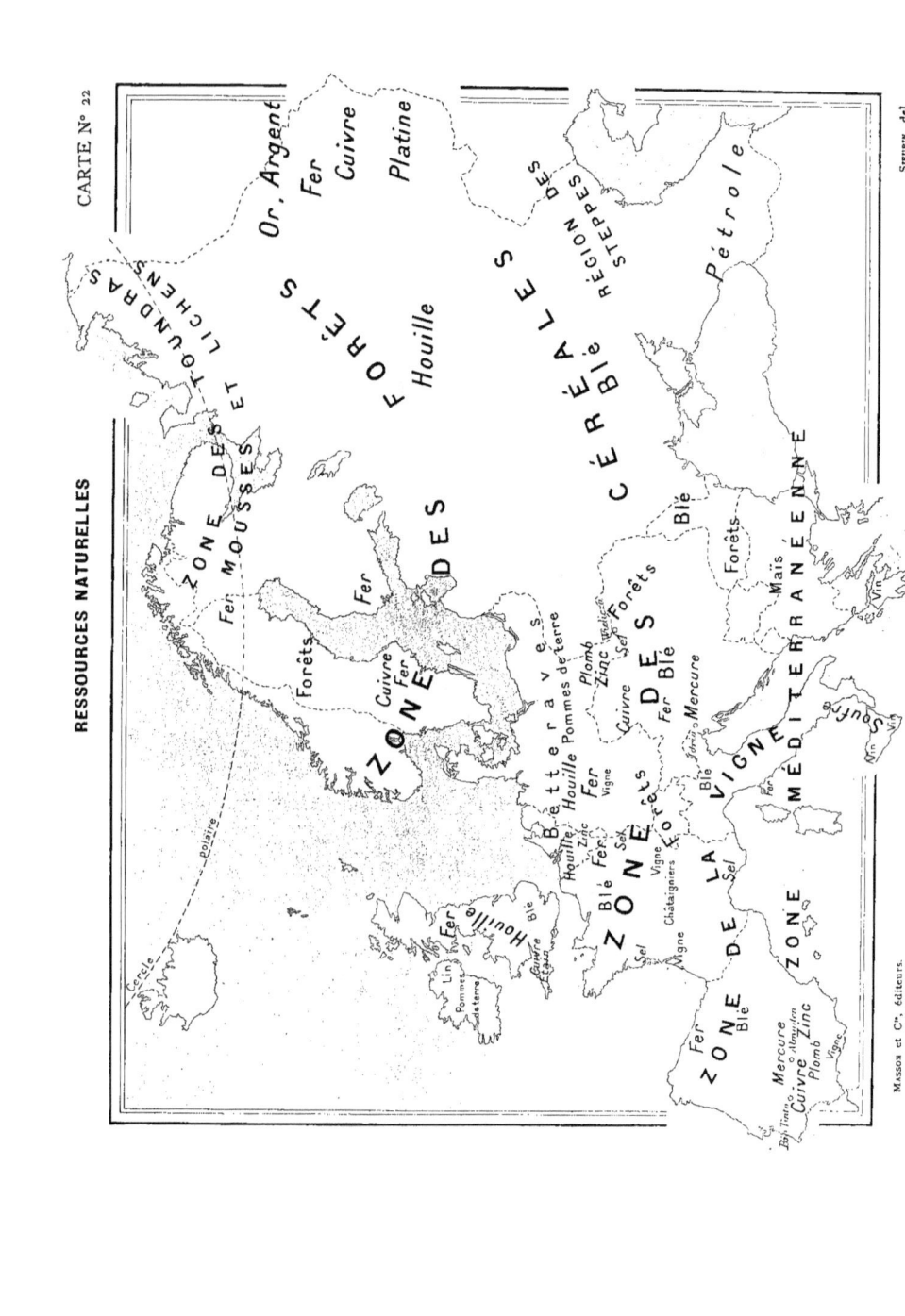

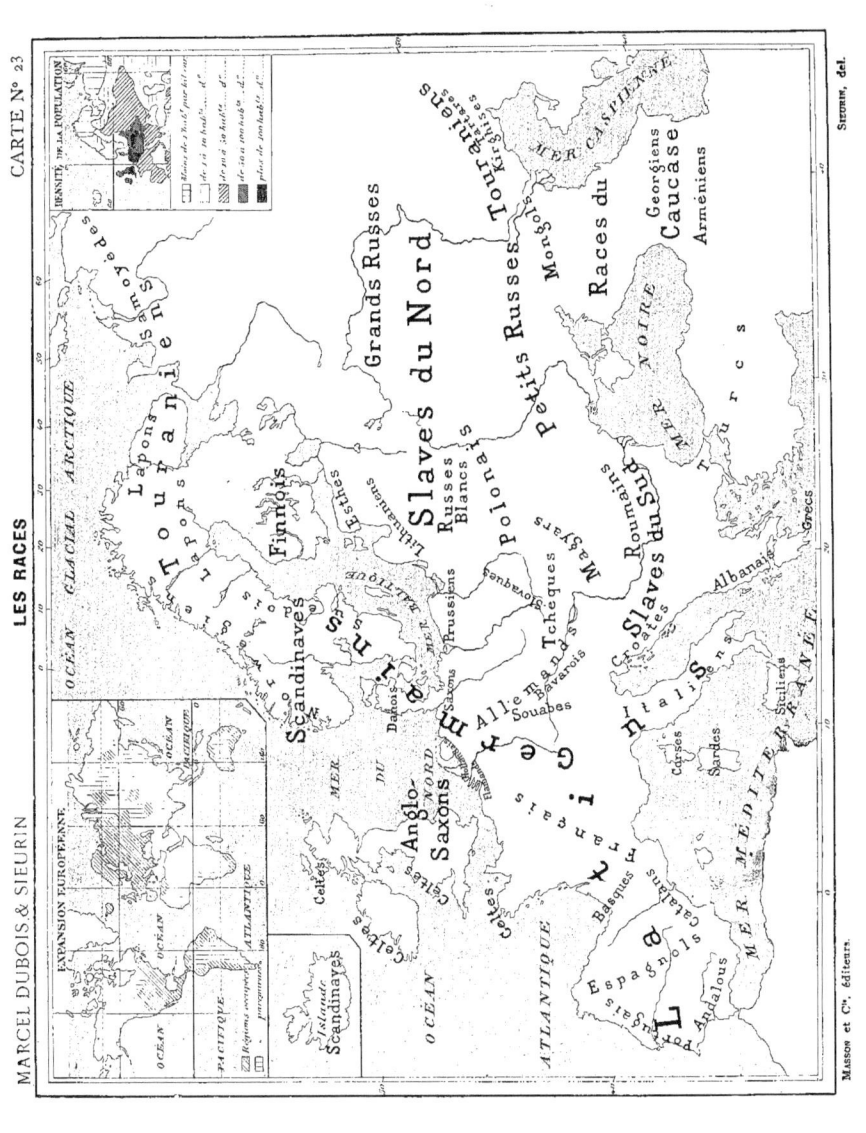

MARCEL DUBOIS & SIEURIN.   **ILES BRITANNIQUES**   CARTE N° 24
(CARTE PHYSIQUE)

ILES BRITANNIQUES (CARTE POLITIQUE)   CARTE N° 25

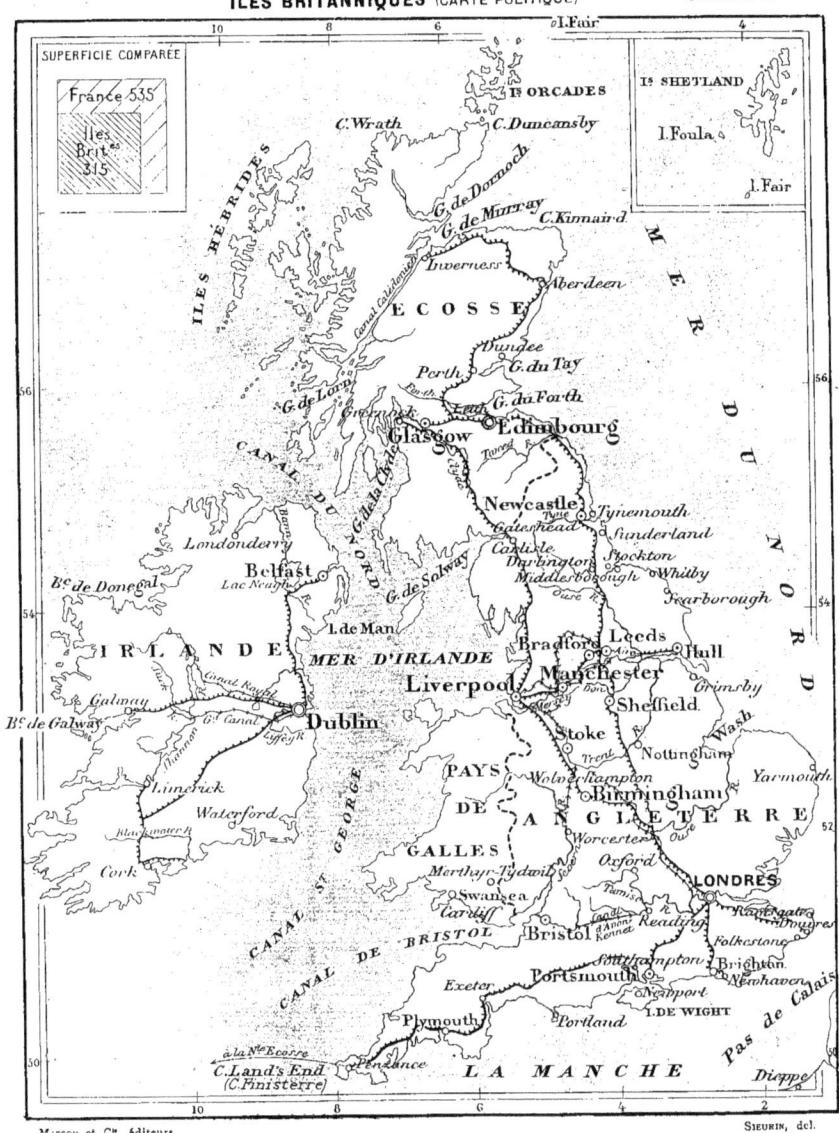

ILES BRITANNIQUES (CARTE ÉCONOMIQUE) CARTE N° 26

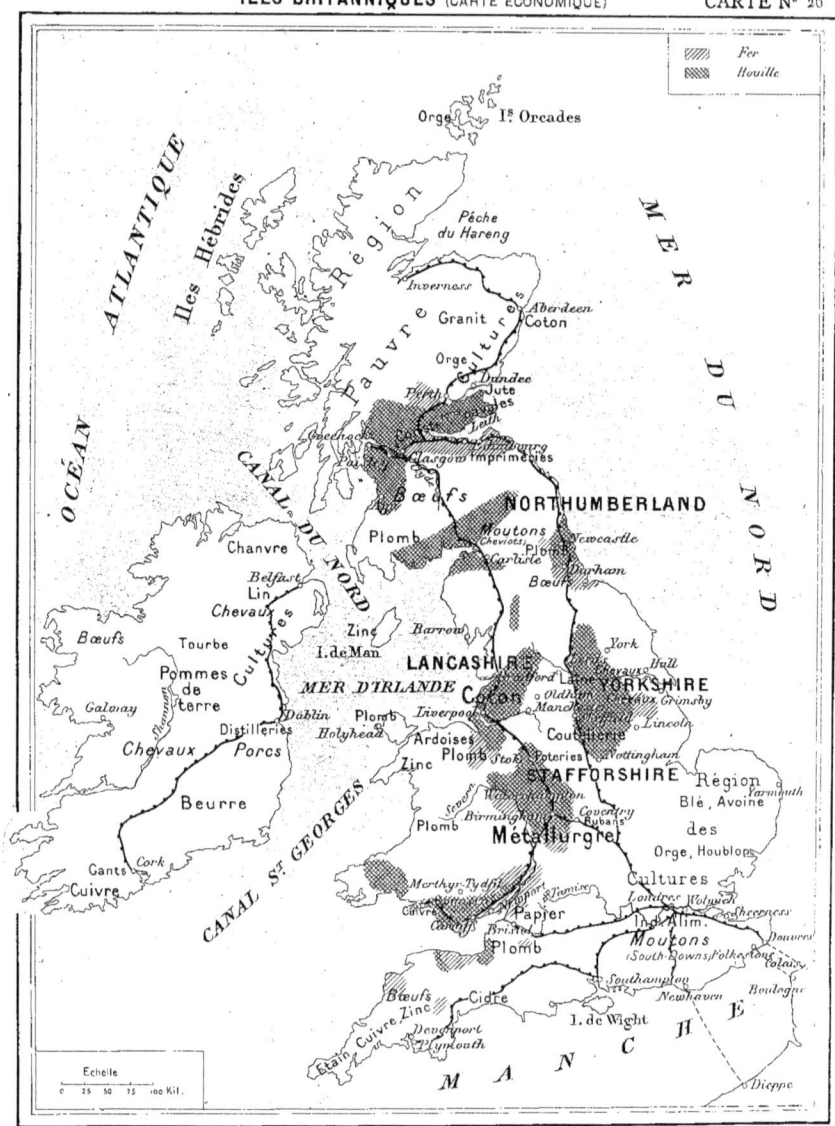

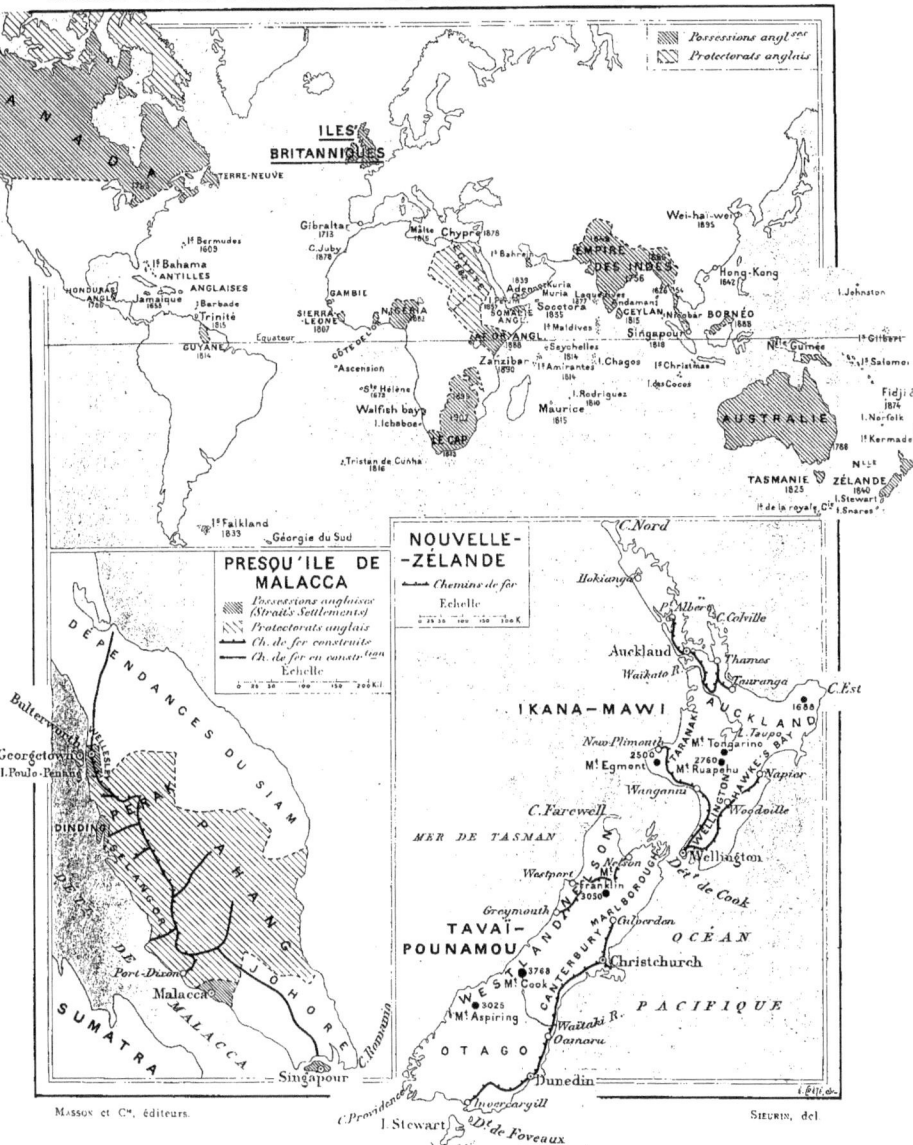

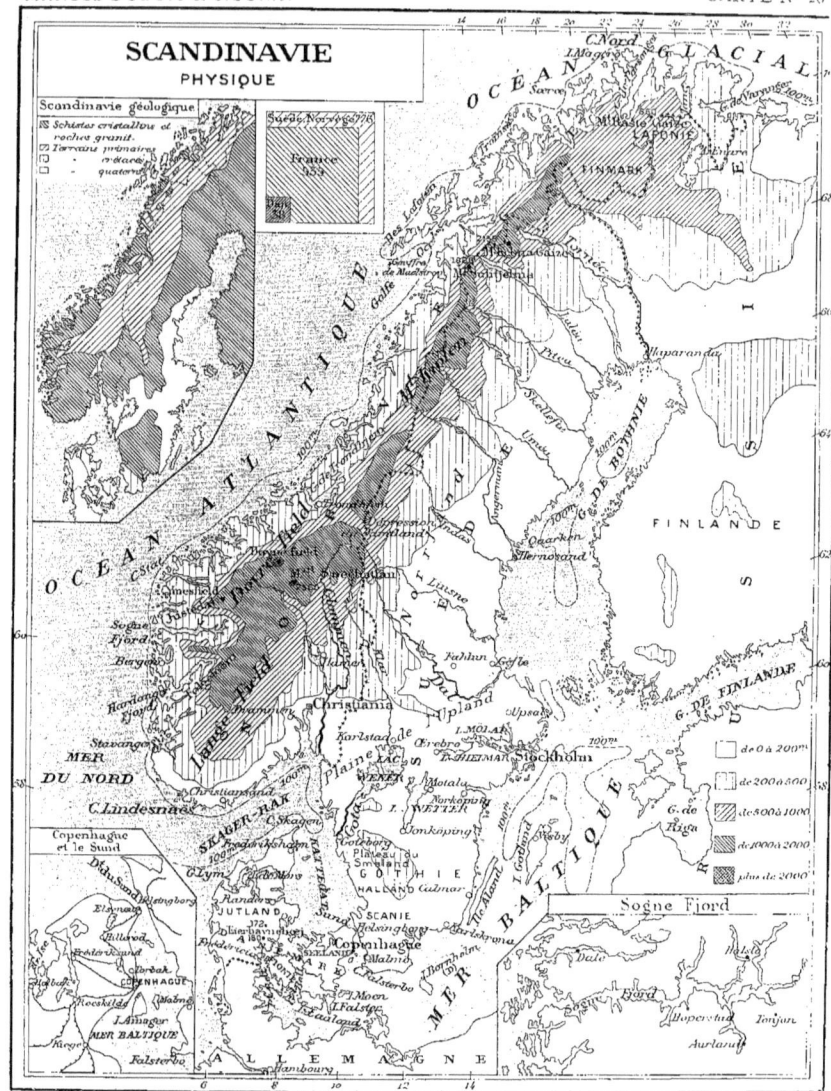

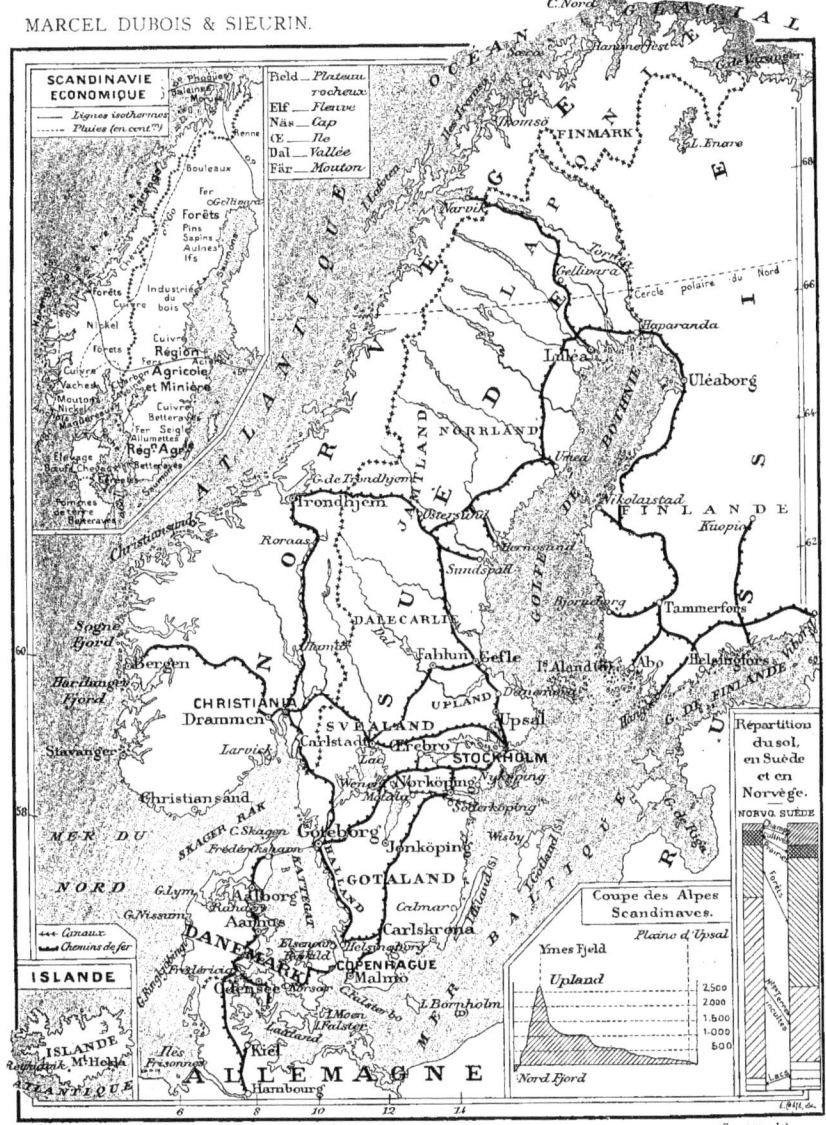

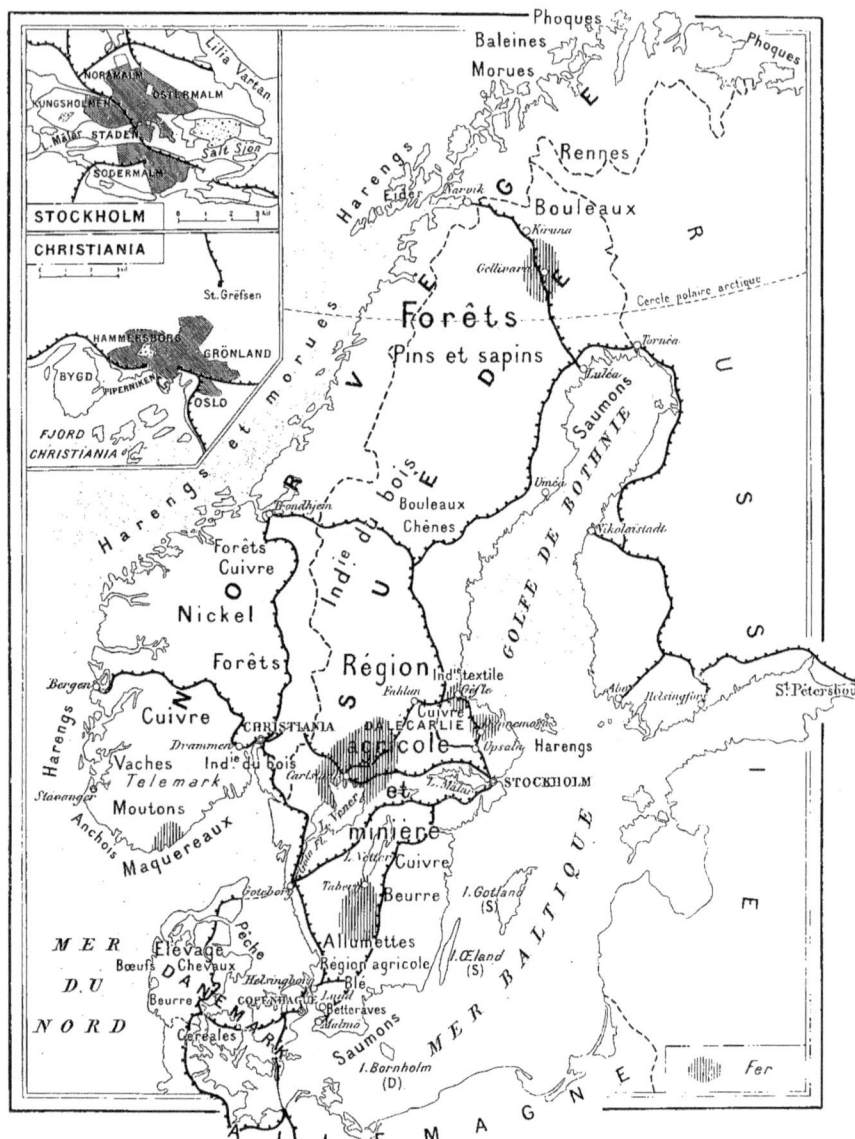

DANEMARK CARTE N° 31

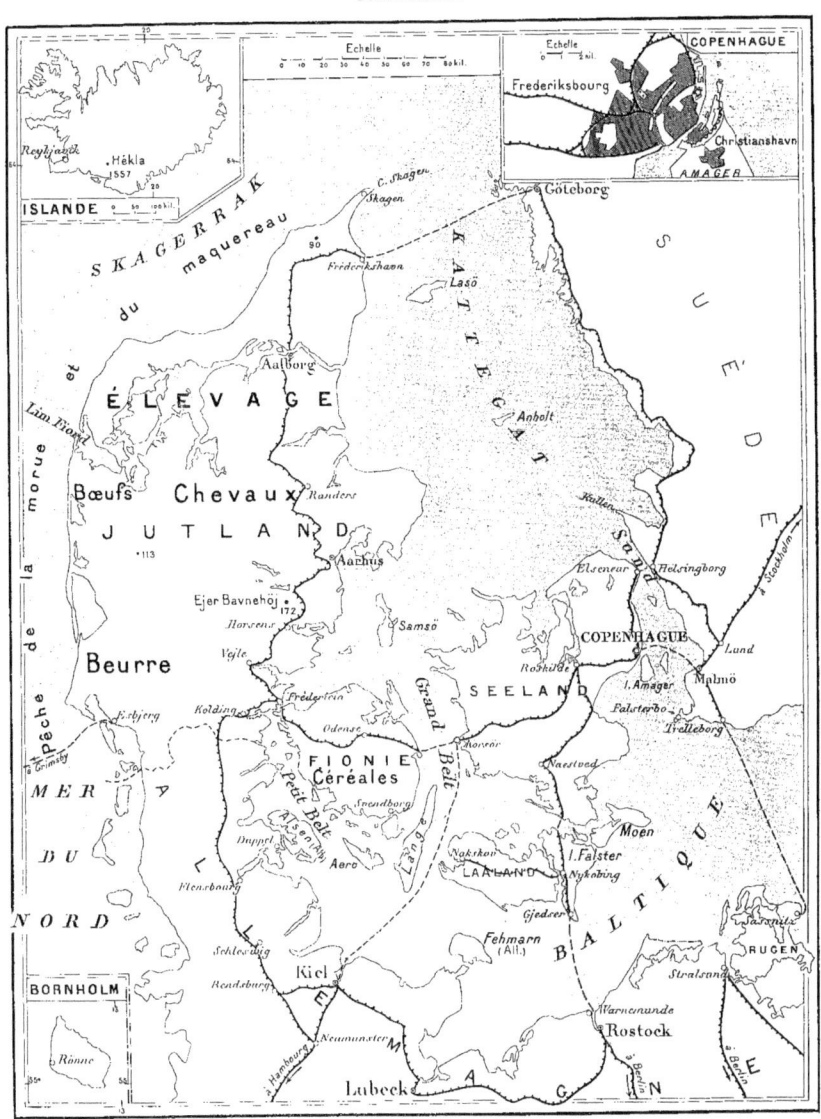

MARCEL DUBOIS & SIEURIN.
PAYS-BAS ET BELGIQUE
(CARTE PHYSIQUE ET CARTE ÉCONOMIQUE)

CARTE N° 3₂

MARCEL DUBOIS & SIEURIN. CARTE N° 33

PAYS-BAS ET BELGIQUE
(CARTE POLITIQUE)

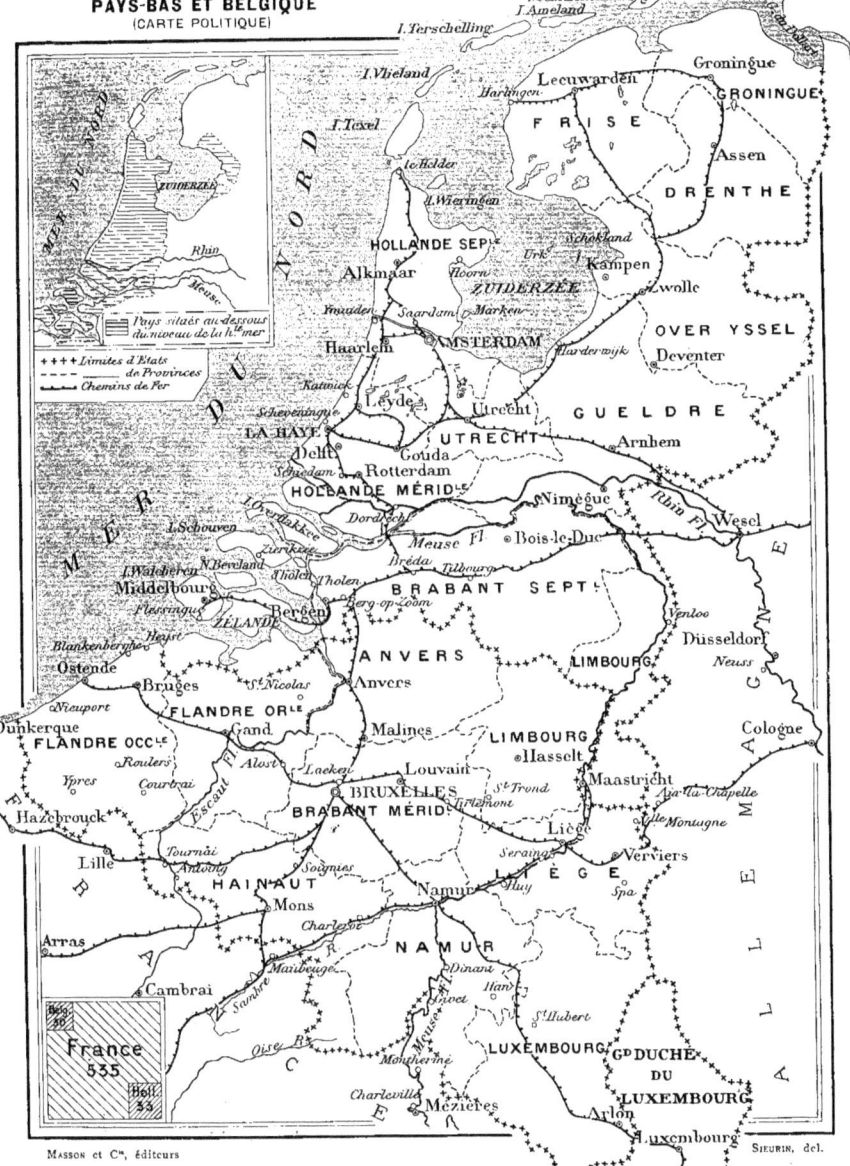

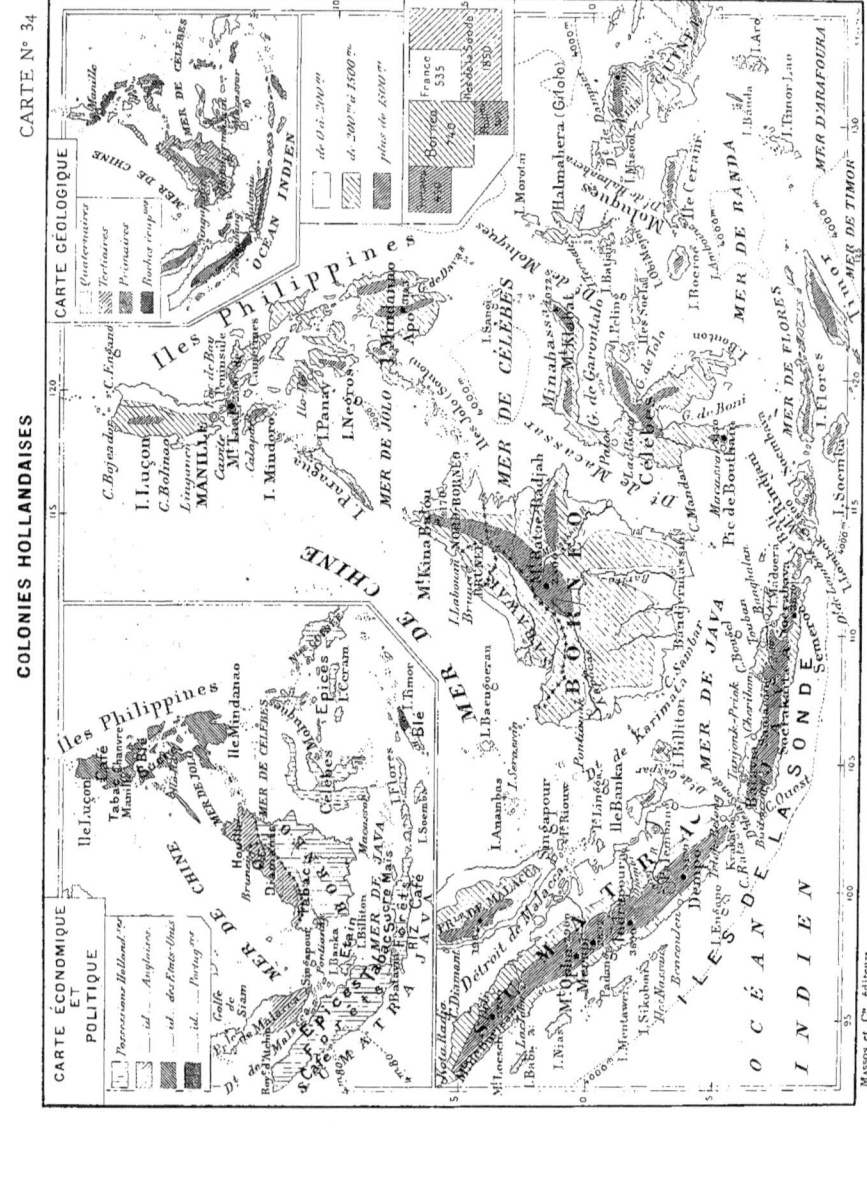

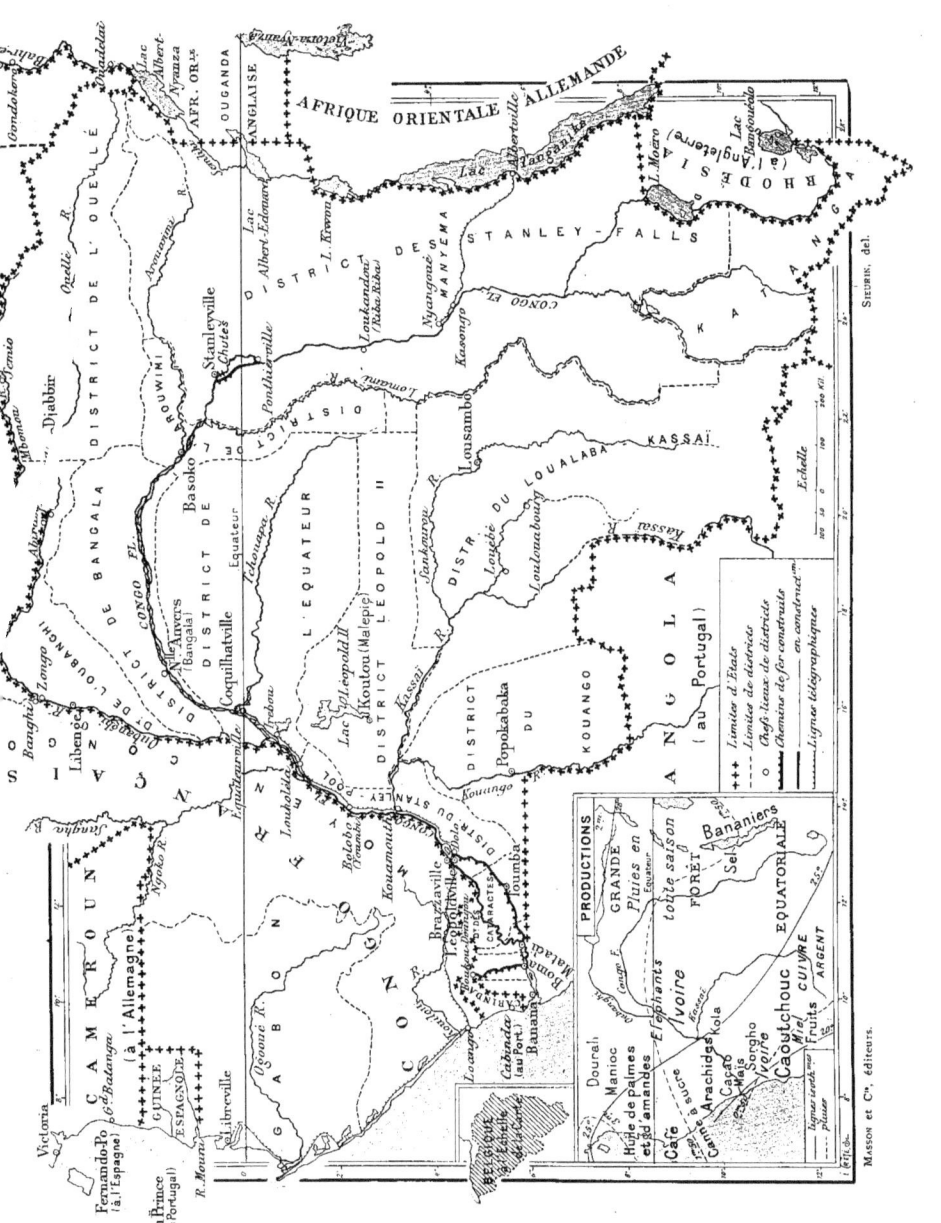

MARCEL DUBOIS & SIEURIN. CARTE N° 36

ALLEMAGNE PHYSIQUE

ALLEMAGNE POLITIQUE

ALLEMAGNE ÉCONOMIQUE

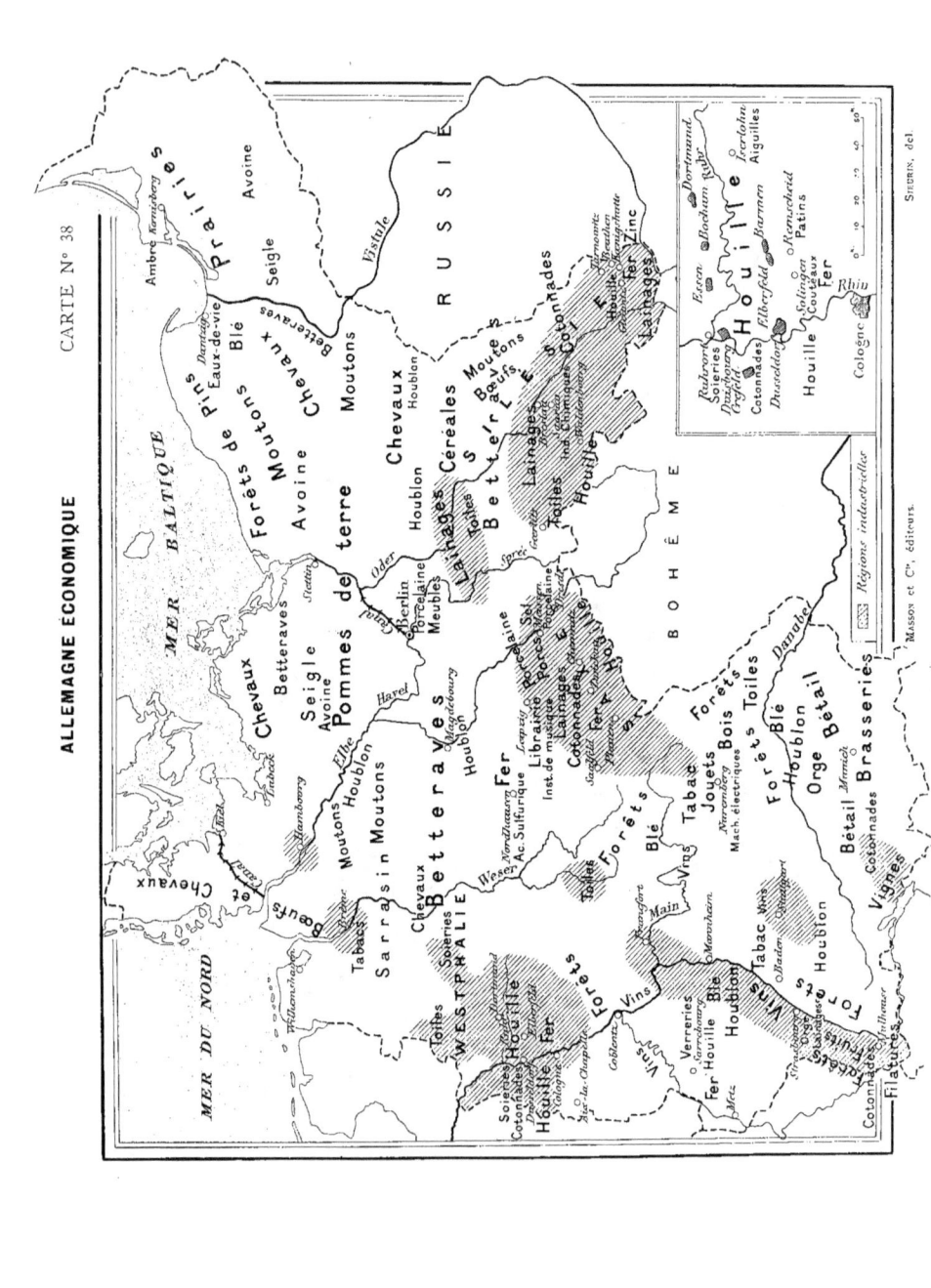

MARCEL DUBOIS & SIEURIN. L'EXPANSION ALLEMANDE CARTE N° 39

SUISSE PHYSIQUE

CARTE N° 40

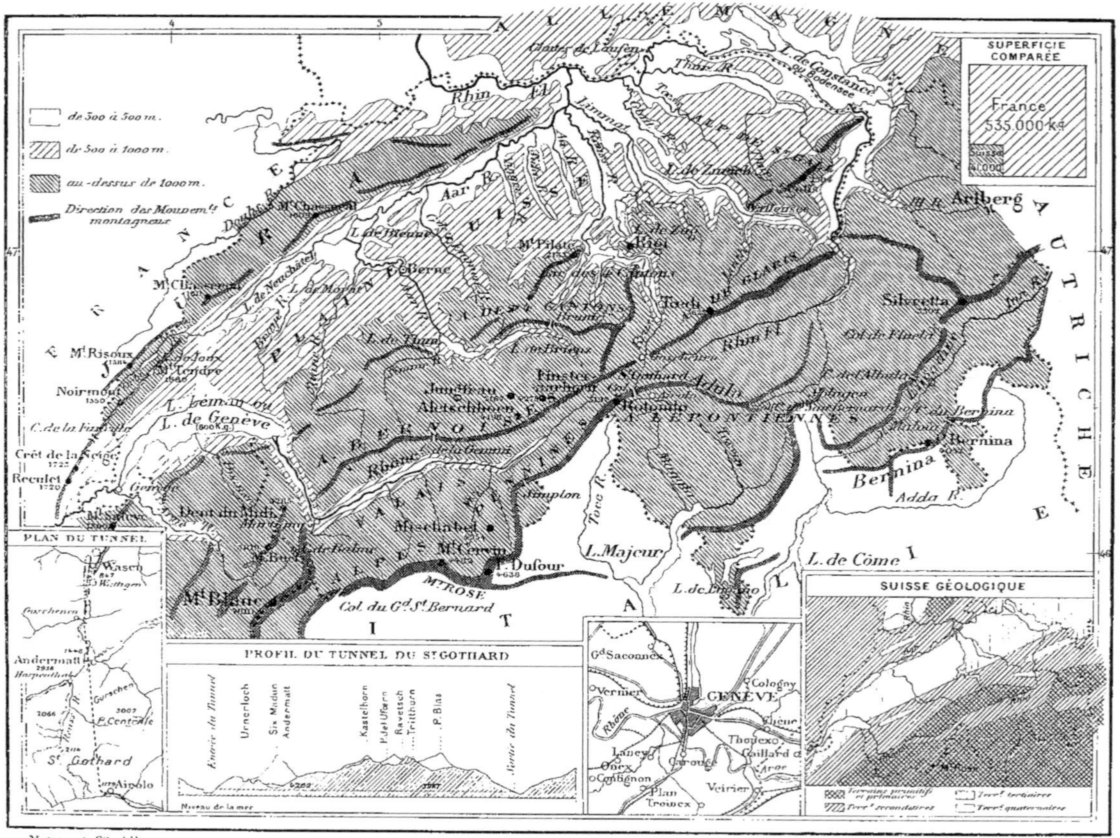

Masson et Cie, éditeurs.

Sieurin, del.

SUISSE POLITIQUE — CARTE N° 41

AUTRICHE-HONGRIE PHYSIQUE

CARTE N° 42

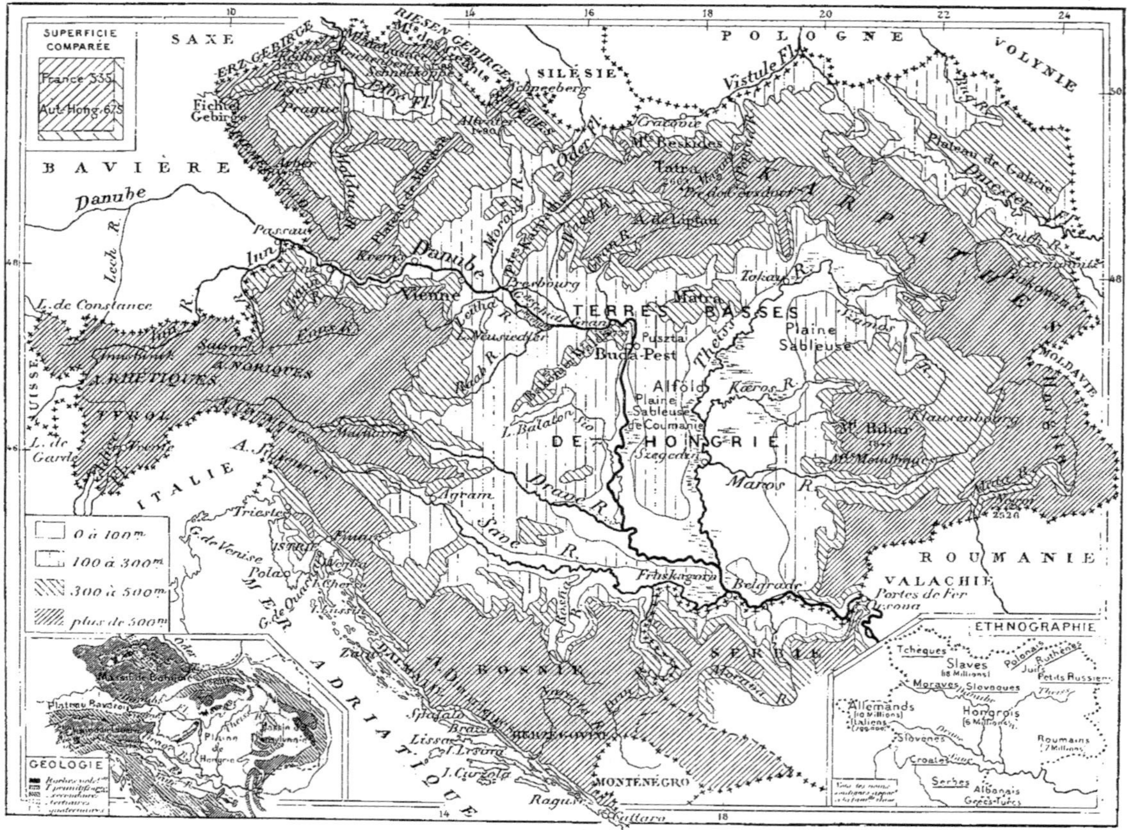

Masson et Cie, éditeurs.

Sieurin, del.

AUTRICHE-HONGRIE POLITIQUE

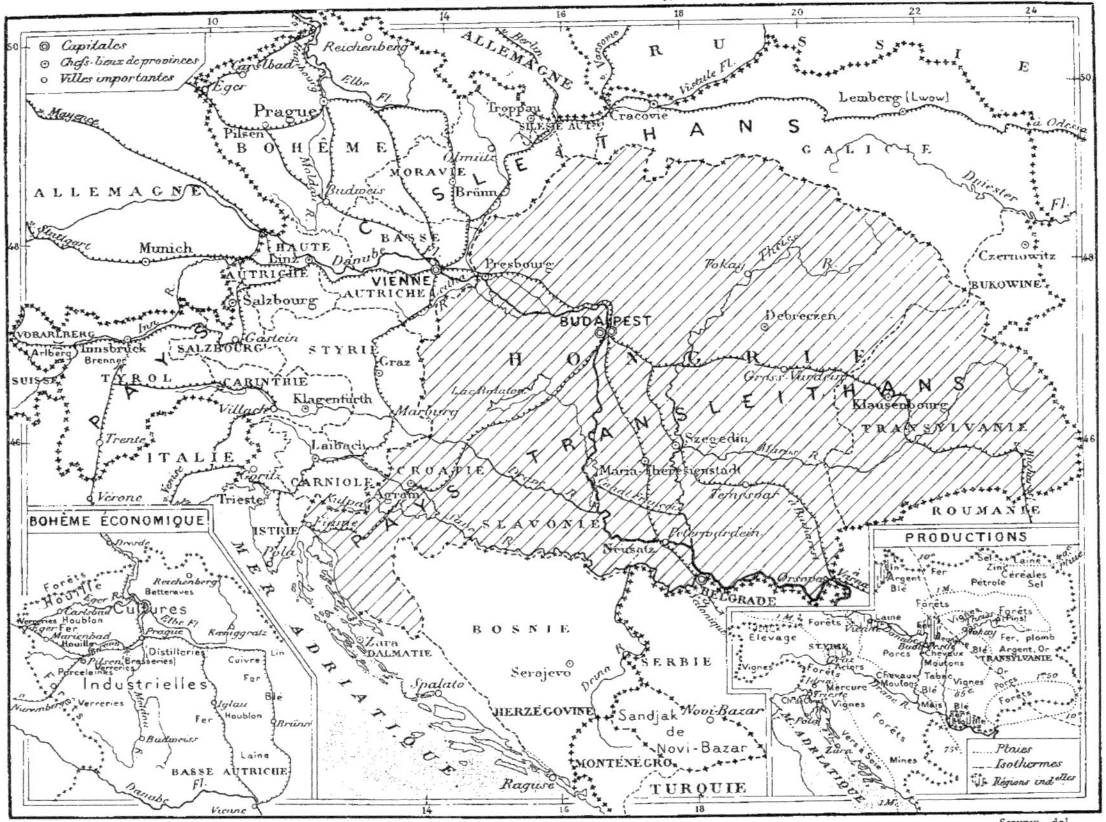

CARTE N° 43

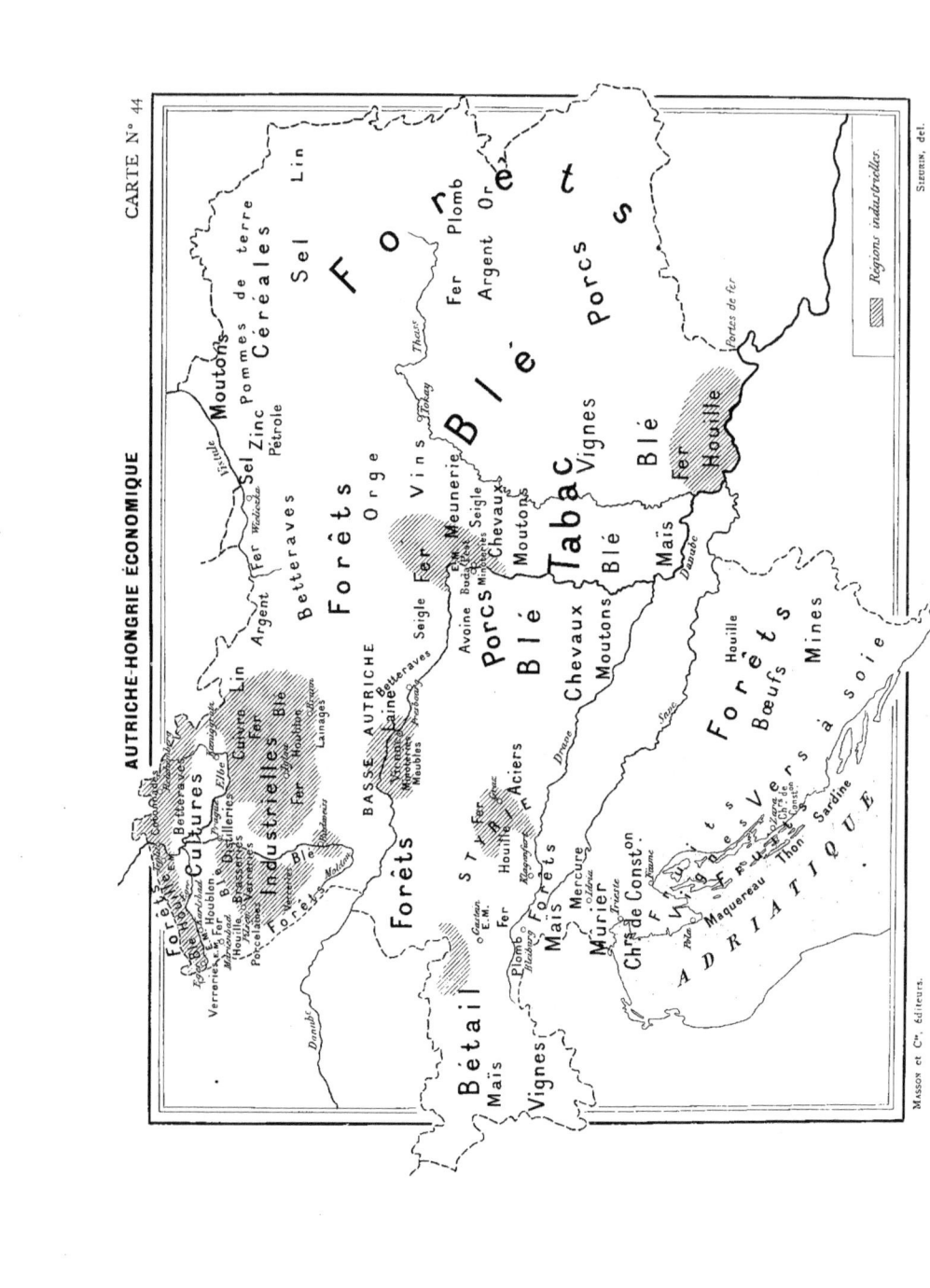

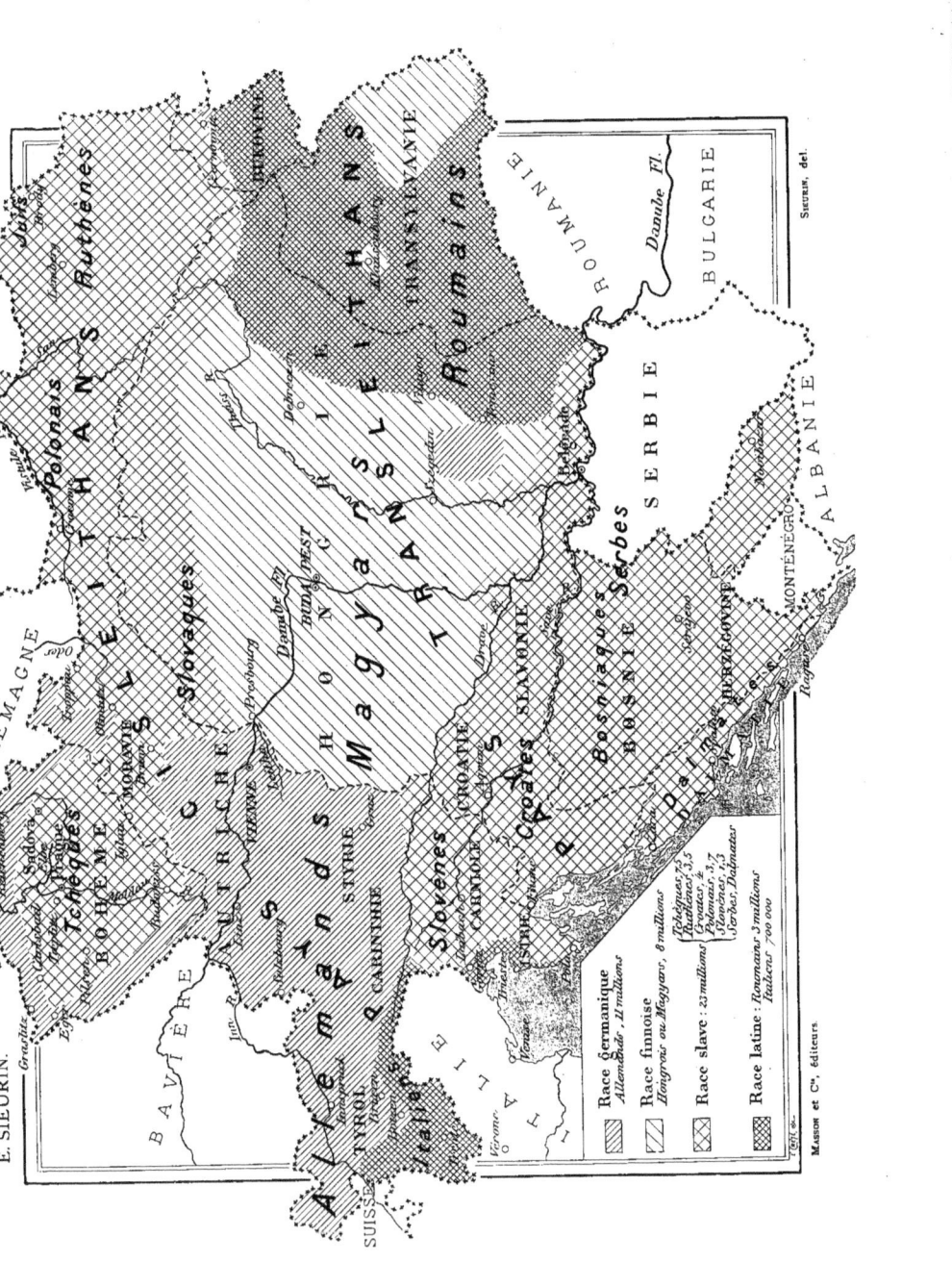

RUSSIE POLITIQUE   CARTE N° 47

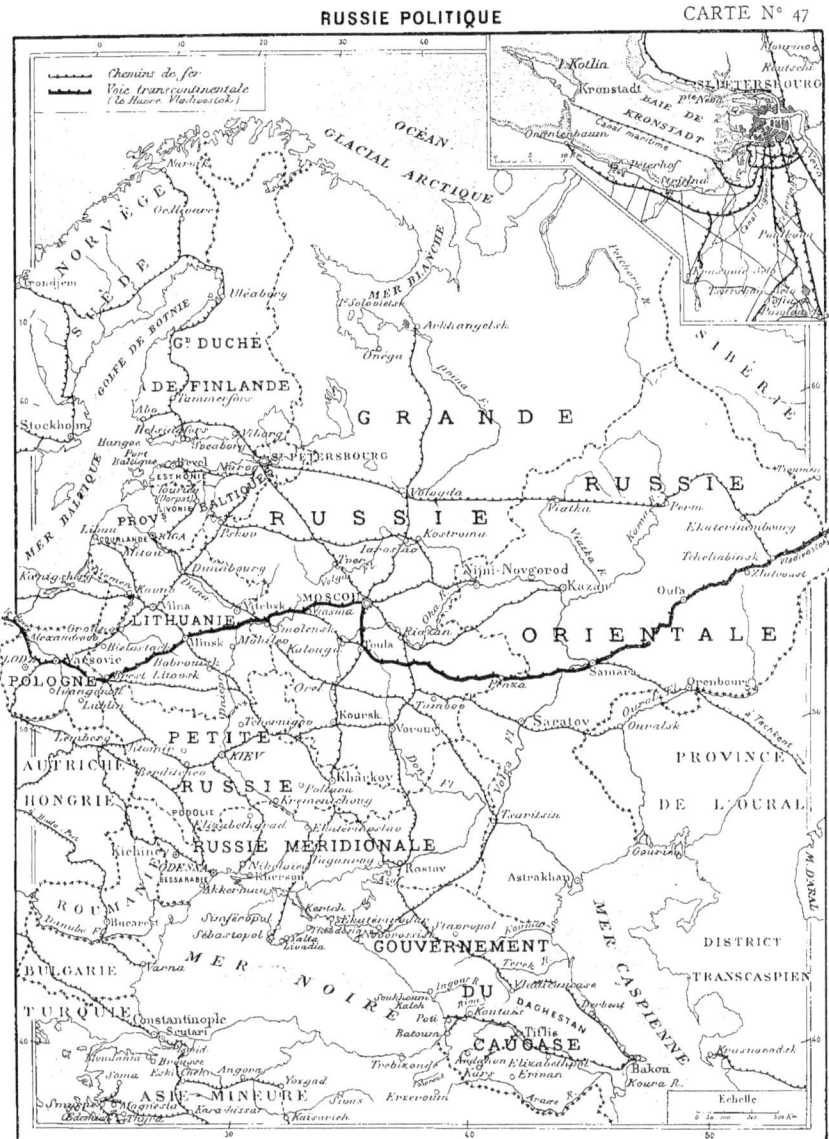

MARCEL DUBOIS & SIEURIN.   **EMPIRE RUSSE**   CARTE N° 49

[Carte de l'Empire Russe montrant les chemins de fer en exploitation, en construction ou en projet, incluant la Russie d'Europe, la Sibérie, le Turkestan, et les régions avoisinantes.]

[Carte inférieure : Canaux et voies navigables, avec un carton d'ensemble.]

Masson et C¹ᵉ, éditeurs.   Sieurin, del.

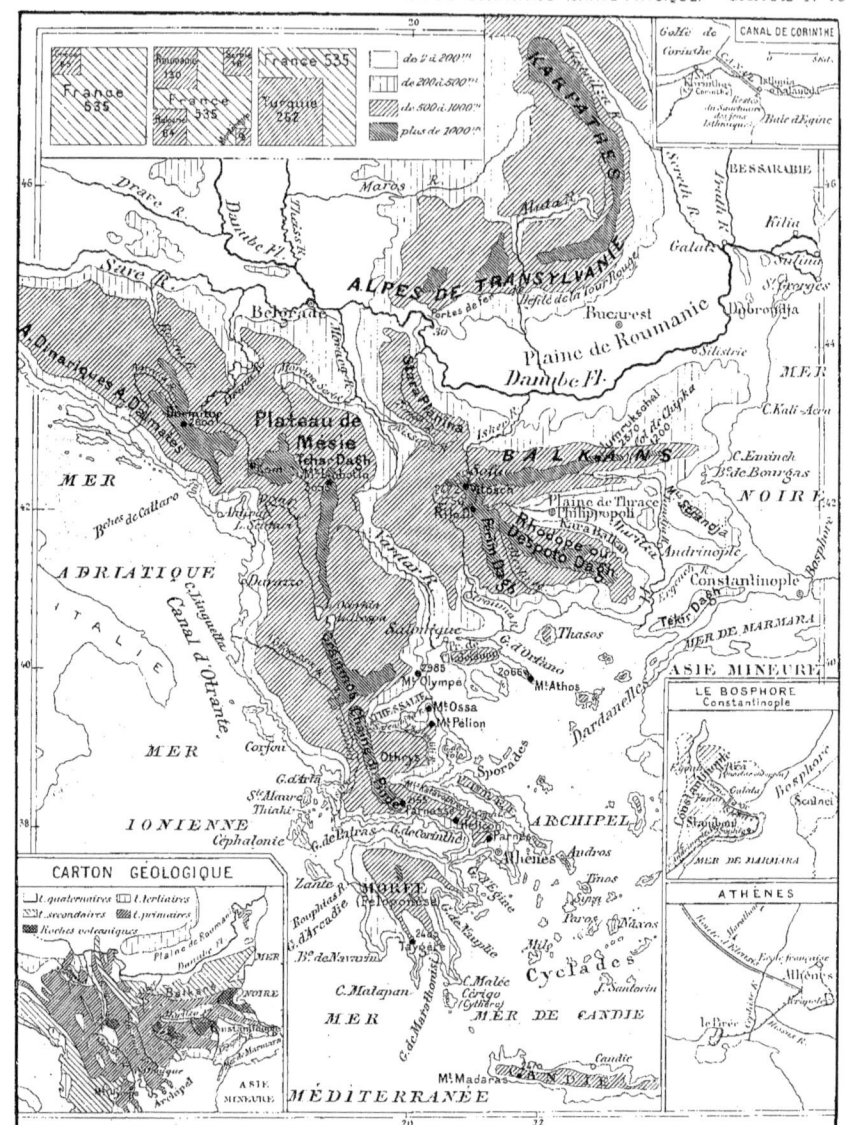

MARCEL DUBOIS & SIEURIN. PÉNINSULE DES BALKANS (CARTE PHYSIQUE). CARTE N° 50

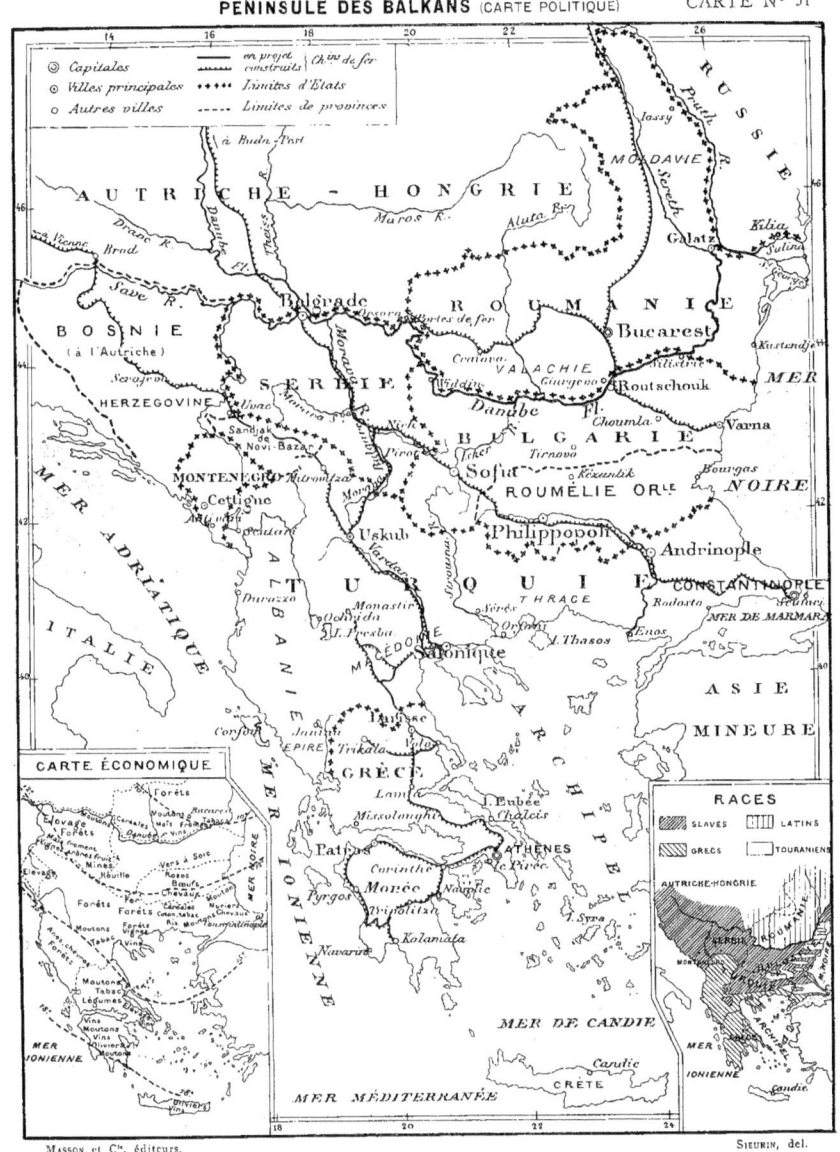

PÉNINSULE DES BALKANS (CARTE POLITIQUE) — CARTE N° 51

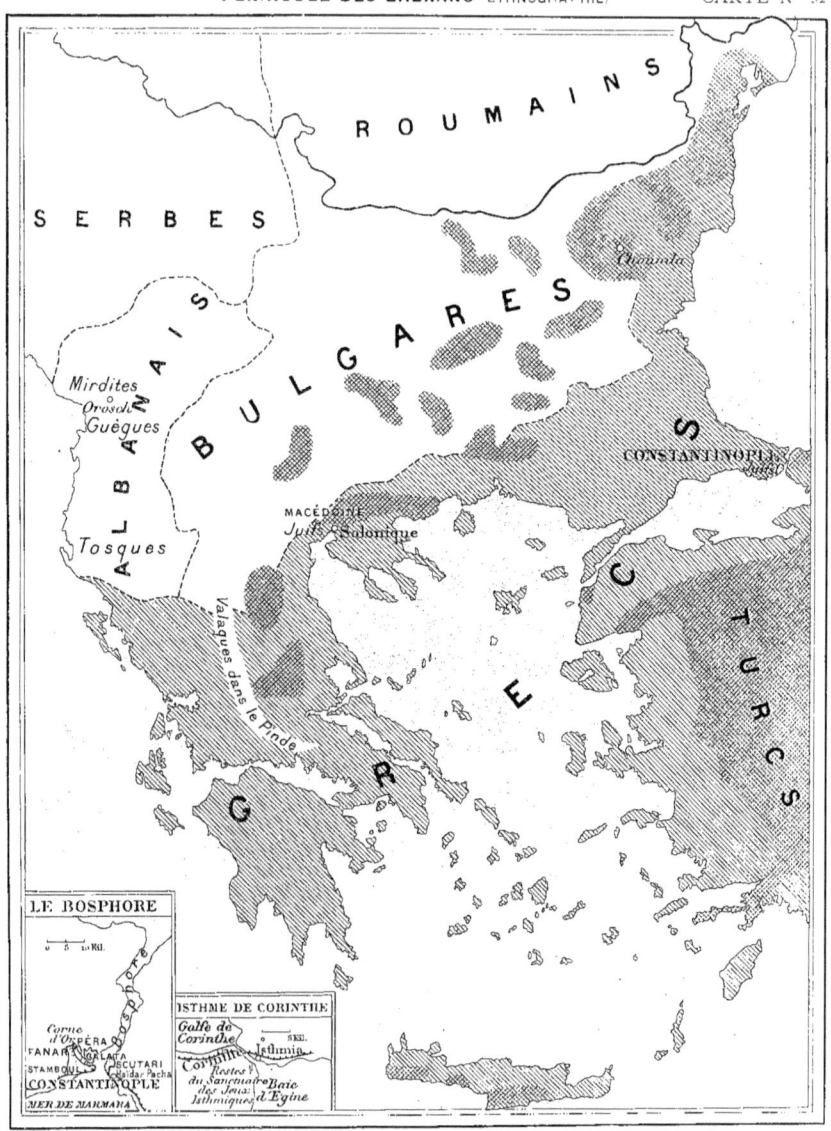

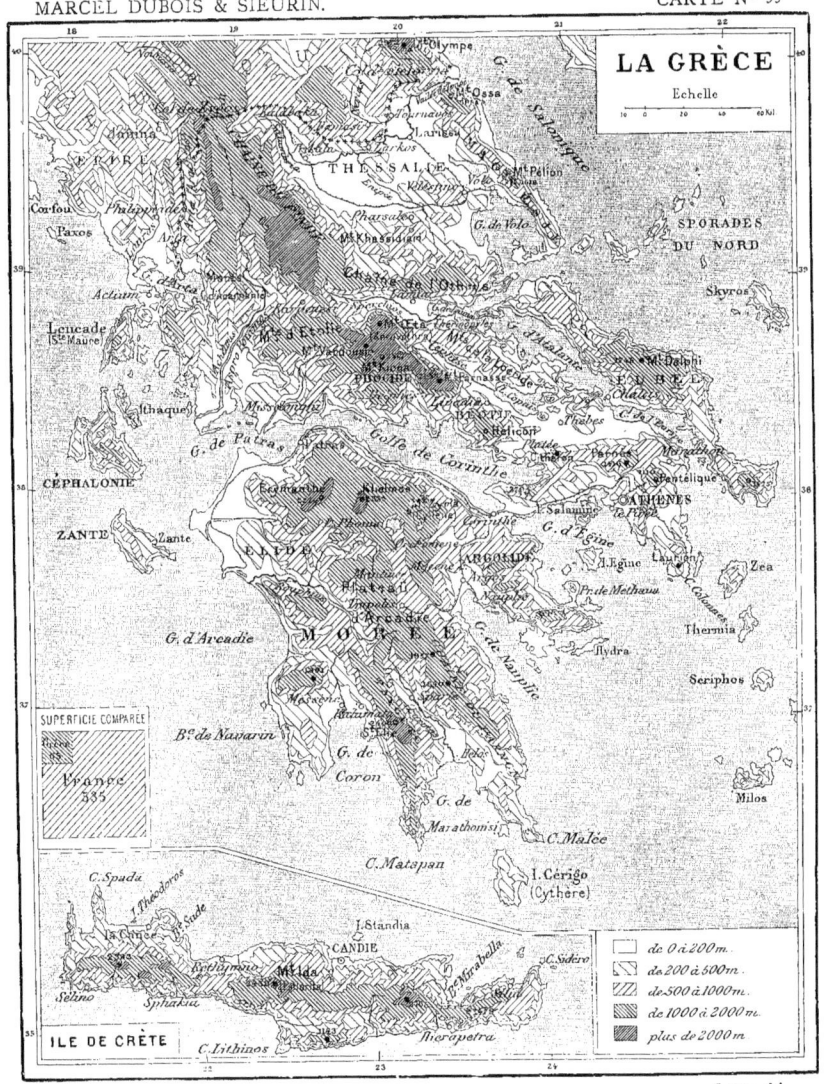

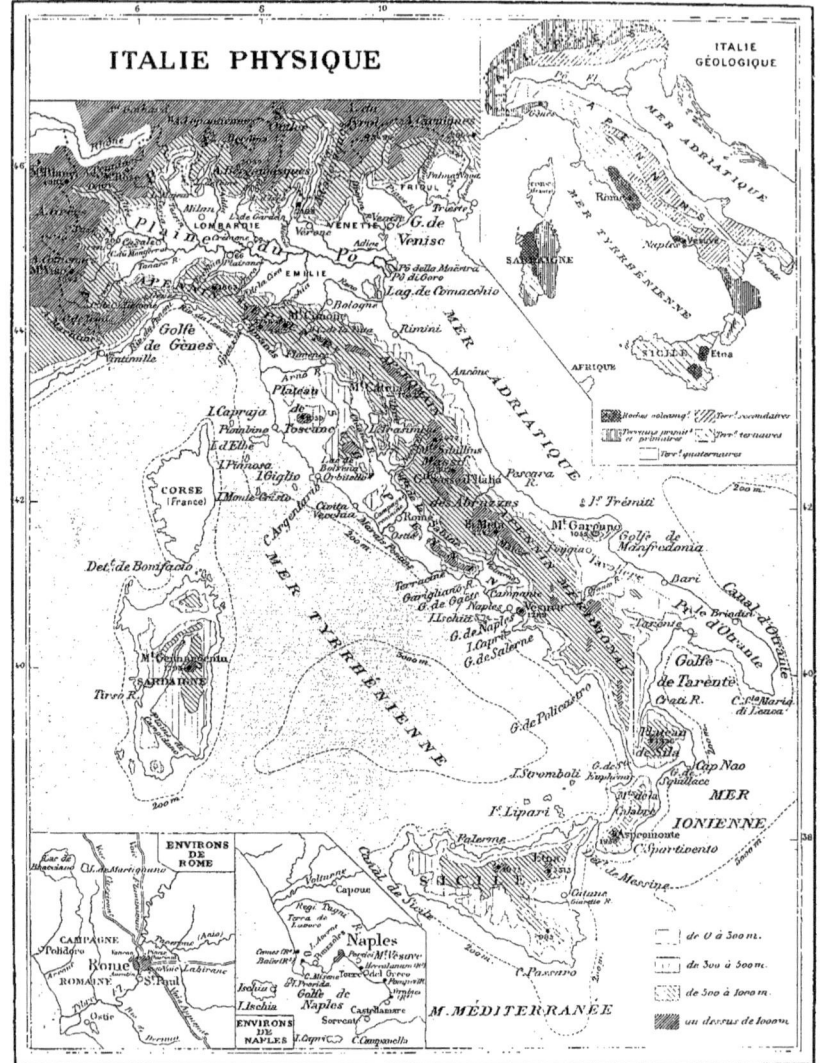

MARCEL DUBOIS & SIEURIN. CARTE N° 55

Masson et Cⁱᵉ, éditeurs. Sieurin, del

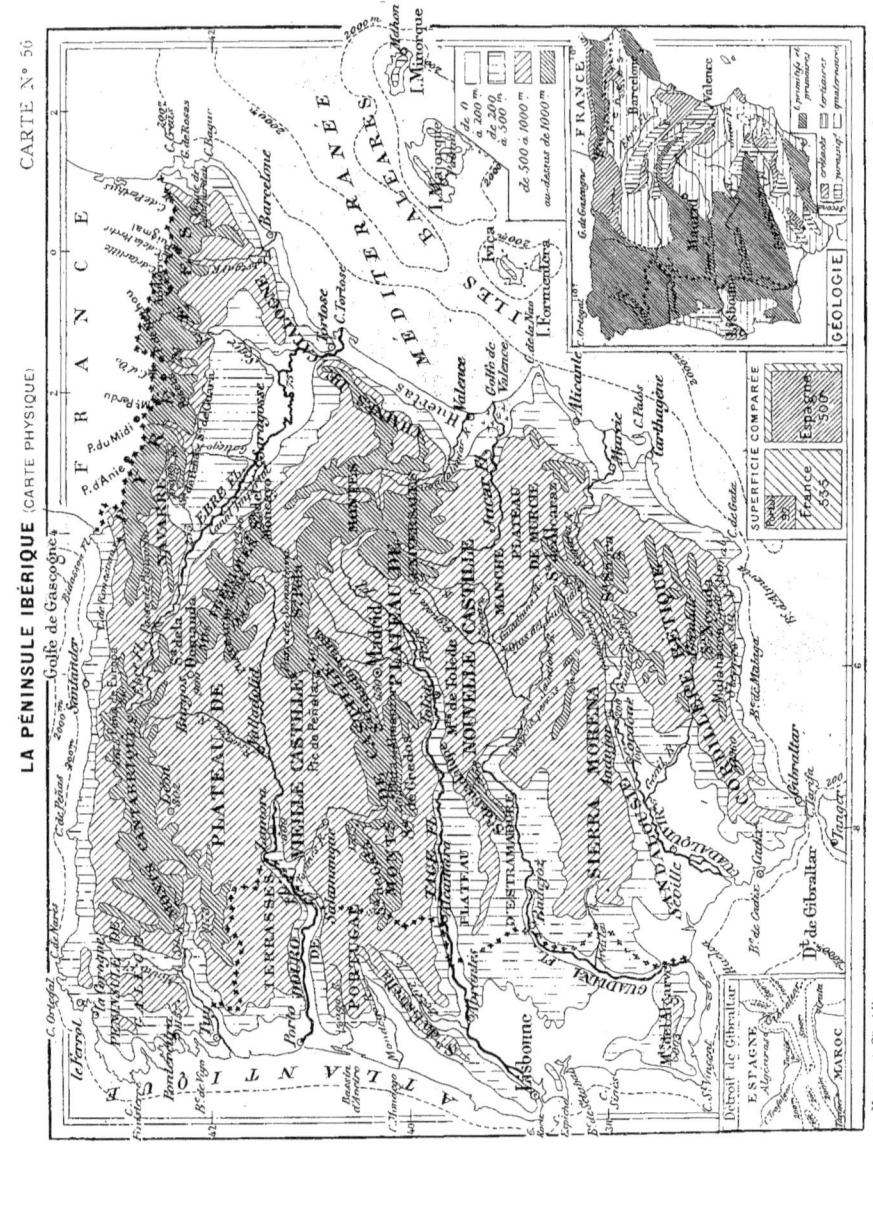

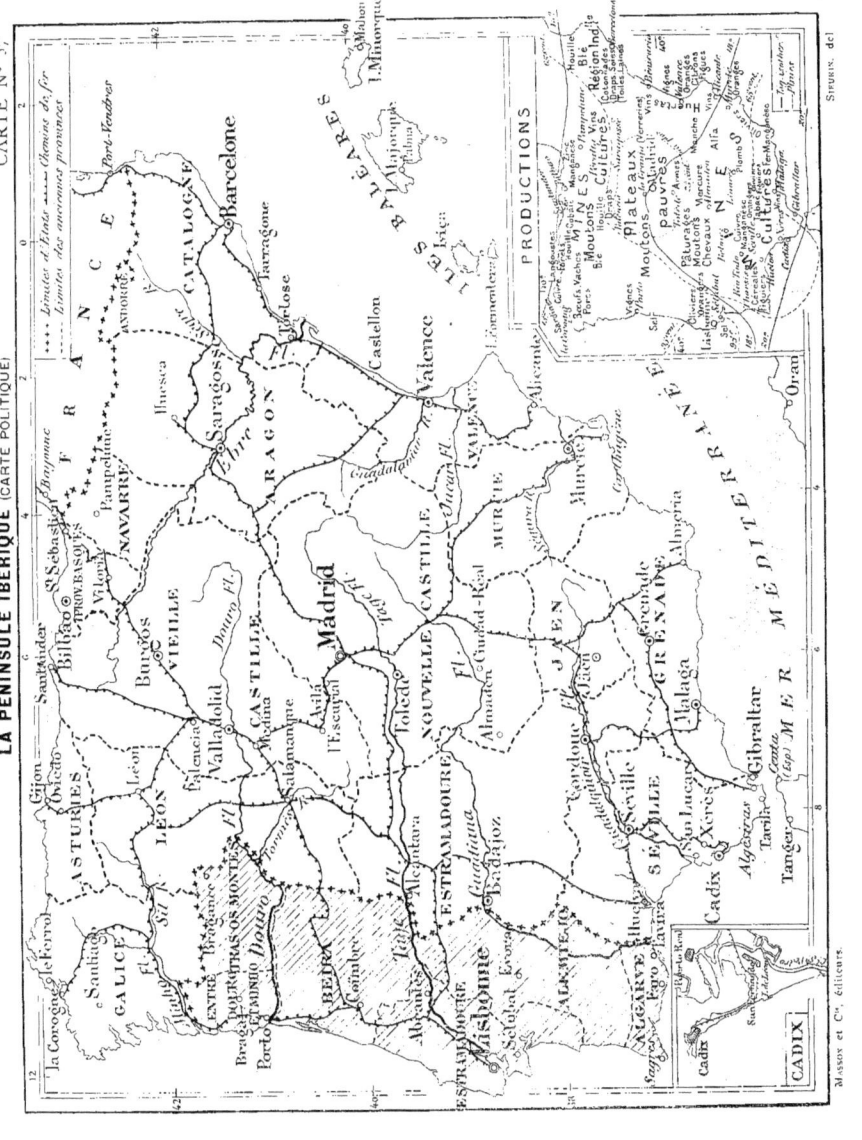

PORTUGAL — CARTE N° 58

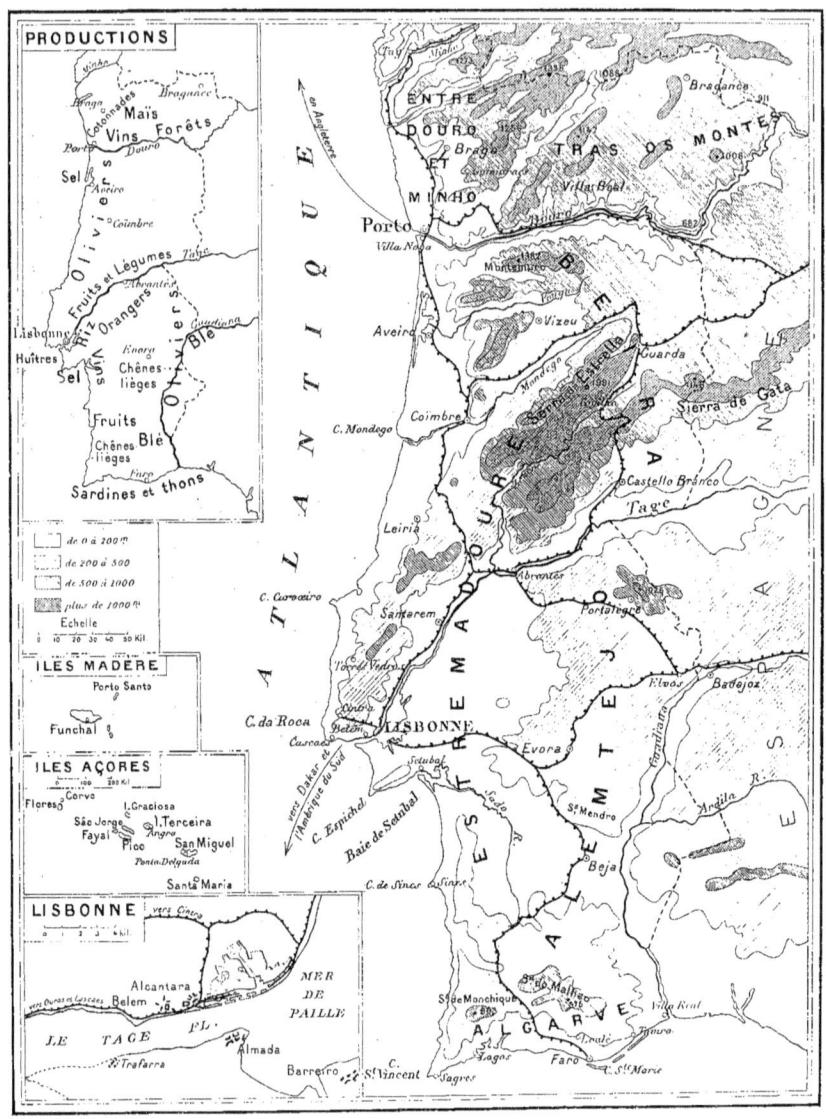

www.ingramcontent.com/pod-product-compliance
Lightning Source LLC
LaVergne TN
LVHW021730080426
835510LV00010B/1187